RELIEVE DE ESPAÑA

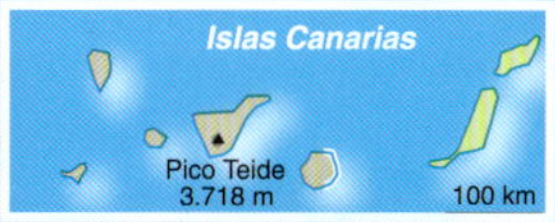

ESPAÑA Y SUS COMUNIDADES AUTÓNOMAS

¡Qué bien!

Espagnol 1re année

A1
nouveau programme

Reynald MONTAIGU
Inspecteur Pédagogique Régional
Académie de Paris

Élisabeth MAZOYER

Jean-Patrick MAZOYER
Professeur Certifié

BELIN
8, rue Férou 75278 Paris Cedex 06
www.editions-belin.com

Remerciements
Les auteurs remercient **Franck Martin** pour ses conseils
et ses suggestions lors de la réalisation de ce manuel.

Illustrations

Colonel Moutarde pour la couverture

Frédérique Vayssières pour l'ensemble de l'ouvrage.

Thierry Huynh pour les pages 12-13, 44-45 et 110.

Toutes les références à des sites Internet présentées dans cet ouvrage ont été vérifiées attentivement à la date d'impression. Compte tenu de la volatilité des sites et du détournement possible de leur adresse, les éditions Belin ne peuvent en aucun cas être tenues pour responsables de leur évolution. Nous appelons donc chaque utilisateur à rester vigilant quant à leur utilisation.

ISBN 978-2-7011-4525-9

Avant-propos

Une méthode actionnelle

La méthode **¡Qué bien!** a été conçue pour répondre aux exigences du **nouveau programme de collège** et prendre en compte les éléments du **Cadre Européen Commun de Référence** pour l'enseignement des langues.

Des tâches clairement identifiées

Pour que l'élève puisse atteindre le **niveau A1** en fin de **première année** d'apprentissage, le manuel a été organisé en dix chapitres. Ils permettent, à chaque fois, de réaliser une **tâche**, clairement annoncée au début de chaque chapitre, que l'élève devra être en mesure d'accomplir.

Les cinq activités

Pour permettre à chacun de réussir cette tâche, le travail est organisé de façon progressive en **micro-tâches** à partir des **cinq activités**. Ainsi l'élève pourra acquérir la maîtrise des outils lexicaux et grammaticaux indispensables.
Ces cinq **activités** sont celles que préconise le C.E.C.R. :

- **Comprender** Compréhension de l'écrit
- **Escuchar** Compréhension de l'oral
- **Escribir** Expression écrite
- **Decir** Expression orale en continu
- **Actuar** Expression orale en interaction

Les activités prévues, variées et souvent ludiques, notamment celles de **Actuar**, font une large part à la créativité tout en organisant de façon rigoureuse l'enrichissement des connaissances.

Une approche ludique et culturelle

Les supports proposés ont été retenus pour leur diversité et leur dimension **socio-culturelle** ou **culturelle**. Chaque chapitre commence par un jeu simple invitant l'élève à regarder un certain nombre de photos montrant différents aspects du monde hispanique. Les pages intitulées **Juegos** permettent de revoir, en situation de jeu, certains points linguistiques étudiés dans le chapitre.

Permettre à l'élève d'être acteur de son apprentissage

La classe prend connaissance des objectifs grâce au tableau de la page d'ouverture de chaque chapitre.
Les **pages Évaluation** offrent la possibilité de **s'auto-évaluer** en fin de chapitre. L'élève verra alors si la tâche a été pleinement réalisée. Il est ainsi partie prenante de son apprentissage et de son évaluation.
Un certain nombre d'activités proposées tout au long du manuel font l'objet de fiches à compléter dans le **cahier d'activités**.

Nous espérons que les élèves prendront plaisir à découvrir le monde hispanique et à s'exprimer en espagnol, deuxième langue européenne la plus parlée dans le monde.

Les Auteurs

Programme et Cadre Commun

Une organisation en deux paliers

Le programme d'enseignement des langues vivantes étrangères est organisé en deux paliers successifs pour l'ensemble du collège. Chaque palier rend compte des compétences à acquérir pour atteindre des niveaux, tels qu'ils sont définis dans le Cadre européen commun de référence pour les langues.

Palier 1 :
Le niveau à atteindre à l'issue de ce palier est fixé à A2. Il s'adresse aux élèves qui poursuivent au collège une langue commencée à l'école élémentaire (censés avoir « acquis un niveau voisin de A1 » cf. programme de langues vivantes de l'école primaire, BO hors série n° 4 du 29 août 2002, p. 7).
Il s'adresse également aux élèves qui débutent une deuxième langue vivante au collège.

Palier 2 :
Le Palier 2 fixera les niveaux attendus en fin de collège et décrira les compétences à acquérir pour y parvenir.

Les niveaux visés en fin de collège sont :
– B1 pour la langue commencée à l'école élémentaire,
– A2 pour la langue commencée au collège.

B.O., n° 6, 25 août 2005.

Contenu des niveaux communs

Le Niveau A1 (introductif ou de découverte) :
L'apprenant est capable d'interactions simples ; peut répondre à des questions simples sur lui-même, l'endroit où il vit, les gens qu'il connaît et les choses qu'il a, et en poser ; peut intervenir avec des énoncés simples dans les domaines qui le concernent ou qui lui sont familiers et y répondre également, en ne se contentant pas de répéter des expressions toutes faites et préorganisées.

Le Niveau A2 (intermédiaire) :
L'apprenant utilise les formes quotidiennes de politesse et d'adresse ; accueille quelqu'un, lui demande de ses nouvelles et réagit à la réponse ; mène à bien un échange très court ; répond à des questions sur ce qu'il fait professionnellement et pour ses loisirs et en pose de semblables ; invite et répond à une invitation ; discute de ce qu'il veut faire, où, et fait les arrangements nécessaires ; fait une proposition et en accepte une. [...]
À l'étranger, il est capable de mener à bien un échange simple dans un magasin, un bureau de poste ou une banque ; se renseigner sur un voyage ; utiliser les transports en commun : bus, trains et taxis, demander des informations de base, demander son chemin et l'indiquer, acheter des billets ; fournir les produits et les services nécessaires au quotidien et les demander.

CECR, p. 32.

		A1	A2
Comprendre	**Écouter**	Je peux comprendre des mots familiers et des expressions très courantes au sujet de moi-même, de ma famille et de l'environnement concret et immédiat, si les gens parlent lentement et distinctement.	Je peux comprendre des expressions et un vocabulaire très fréquent relatifs à ce qui me concerne de très près (par exemple moi-même, ma famille, les achats, l'environnement proche, le travail). Je peux saisir l'essentiel d'annonces et de messages simples et clairs.
	Lire	Je peux comprendre des noms familiers, des mots ainsi que des phrases très simples, par exemple dans des annonces, des affiches ou des catalogues.	Je peux lire des textes courts très simples. Je peux trouver une information particulière prévisible dans des documents courants comme les publicités, les prospectus, les menus et les horaires et je peux comprendre des lettres personnelles courtes et simples.
Parler	**Prendre part à une conversation**	Je peux communiquer, de façon simple, à condition que l'interlocuteur soit disposé à répéter ou à reformuler ses phrases plus lentement et à m'aider à formuler ce que j'essaie de dire. Je peux poser des questions simples sur des sujets familiers ou sur ce dont j'ai immédiatement besoin, ainsi que répondre à de telles questions.	Je peux communiquer lors de tâches simples et habituelles ne demandant qu'un échange d'informations simple et direct sur des sujets et des activités familiers. Je peux avoir des échanges très brefs même si, en règle générale, je ne comprends pas assez pour poursuivre une conversation.
	S'exprimer oralement en continu	Je peux utiliser des expressions et des phrases simples pour décrire mon lieu d'habitation et les gens que je connais.	Je peux utiliser une série de phrases ou d'expressions pour décrire en termes simples ma famille et d'autres gens, mes conditions de vie, ma formation et mon activité professionnelle actuelle ou récente.
Écrire	**Écrire**	Je peux écrire une courte carte postale simple, par exemple de vacances. Je peux porter des détails personnels dans un questionnaire, inscrire par exemple mon nom, ma nationalité et mon adresse sur une fiche d'hôtel.	Je peux écrire des notes et messages simples et courts. Je peux écrire une lettre personnelle très simple, par exemple de remerciements.

CECR

Comment utiliser «¡Qué Bien!»

Organisation de chaque chapitre :

1. Deux pages d'ouverture

Une question ludique sur des photos du monde hispanique.

TÂCHE : Tâche à partir de laquelle est construit le chapitre et que l'élève devra être capable de réaliser.

MICRO-TÂCHES : Pour acquérir de façon progressive les « savoir-faire » nécessaires à la réalisation de la tâche.

OBJECTIFS LINGUISTIQUES : Présentation des points linguistiques étudiés dans le chapitre.

La solution à la question posée.

2. Plusieurs unités

- **Comprender, Escuchar, Decir, Actuar et Escribir :** les 5 activités du CECR.
- **De memoria, Dilo bien, Fíjate bien, Ejercicios :** 4 rubriques complémentaires.

DECIR
Activité d'expression orale en continu
Pour apprendre à exprimer ses idées et à prendre la parole de façon construite.

ESCRIBIR
Activité d'expression écrite
Pour apprendre à rédiger un texte bref.

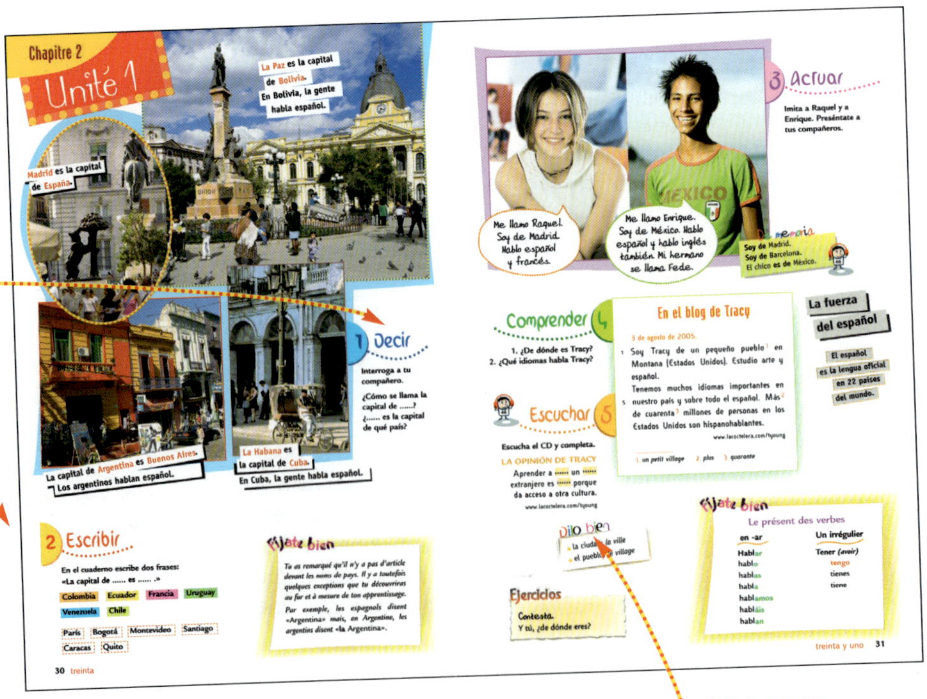

DILO BIEN
Lexique utile à l'élève pour s'exprimer.

COMPRENDER
Activité de compréhension de l'écrit
Pour apprendre à dégager les idées essentielles d'un document.

ESCUCHAR
Activité de compréhension de l'oral
Entraînement à la compréhension de l'oral. Le texte est enregistré sur les CD élève et classe.

EJERCICIOS
Exercices d'application à effectuer en classe ou à la maison.

ACTUAR
Activité d'expression orale en interaction
Activités en groupes qui favorisent la prise de parole et permettent un entraînement en situation de communication.

DE MEMORIA
Lexique, expressions, hispanismes à mémoriser.

FÍJATE BIEN
Points grammaticaux développés dans la page **Vamos a ver**.

3. Une page *Vamos a ver*...
...et une page *Juegos*

Les points linguistiques travaillés dans les unités sont repris et commentés.

Exercices d'application.

Des jeux qui permettent de retrouver, en situation authentique, certains points linguistiques du chapitre et peuvent être effectués par l'élève seul, à la maison ou en classe.

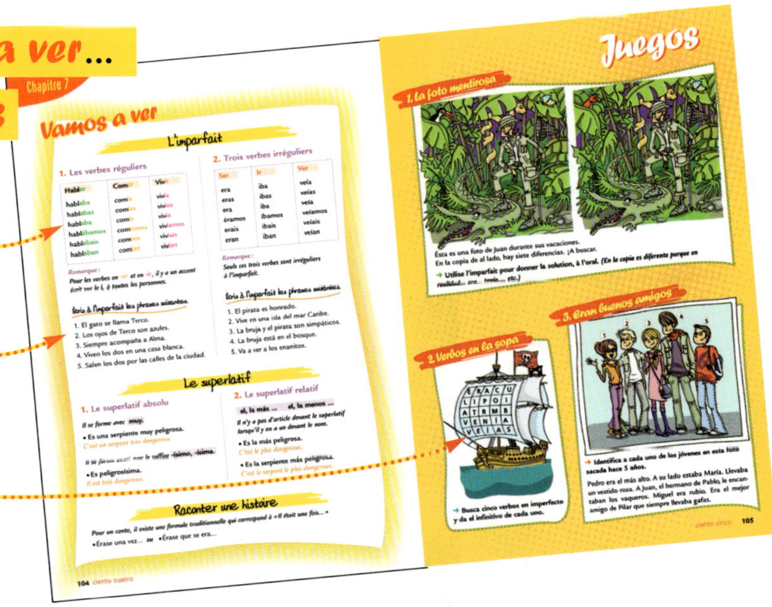

4. Deux pages *Évaluation*

Ateliers qui permettent à l'élève, en classe ou à la maison, de faire le bilan de ses acquisitions.

Évaluation de la réalisation de la tâche annoncée en début de chapitre.

Table des matières

- Avant-propos 3
- Programme et cadre commun 4
- Les clés du manuel 6
- En clase de español 12

Chapitre 1

¿Cómo te llamas? 14

1 • ¿Cómo te llamas? 16
2 • ¡Hola! 18
3 • ¿Quién es? 20
4 • Entrevista con Miguel Ángel Muñoz 22
• El alfabeto 23

Vamos a ver 24
Juegos 25
ÉVALUATION 26

MICRO-TÂCHES
- Donner son nom
- Saluer quelqu'un
- Se présenter
- Présenter les membres de sa famille
- Présenter quelqu'un

TÂCHE
- Je présente brièvement à un ami une personne ou un personnage que j'apprécie.

OBJECTIFS LINGUISTIQUES
- Le présent de l'indicatif du verbe *llamarse*
- Le verbe être : *ser*
- Les articles définis et indéfinis
- Les mots interrogatifs
- L'alphabet
- Le pluriel des articles et des noms
- Compter de 1 à 10

Chapitre 2

¿Quién eres?

Madrid 28

1 • Capitales 30
• En el blog de Tracy 31
2 • Entrevista a Rafael Nadal 32
• Una actriz en París 33
3 • Susu: del Sáhara a Madrid 34
• El horario de Manolo 35
• Pasa el lunes 35

Vamos a ver 36
Juegos 37
ÉVALUATION 38

MICRO-TÂCHES
- Présenter une personne
- Dire d'où l'on est
- Comprendre un message électronique
- Parler de son emploi du temps
- Retrouver la capitale des pays du monde hispanique

TÂCHE
- Je remplis un formulaire avec les informations nécessaires pour recevoir une documentation.

OBJECTIFS LINGUISTIQUES
- Le présent de l'indicatif des conjugaisons régulières
- Le présent de l'indicatif des verbes *ser, estar, tener, ir*
- Les prépositions de lieu
- Les pronoms personnels sujets
- Les jours de la semaine
- Compter de 11 à 20

Chapitre 3

¿Qué quieres?

Algunos pintores 40

1 • Caramelos de todos los colores 42
• Comer frutas y verduras 43

2 • El horario de Daniel 44

3 • ¿Cuánto cuesta...? 46

4 • ¿Cuánto cuesta ver un cuadro de Picasso en...? 48

Vamos a ver 50
Juegos 51
ÉVALUATION 52

- Utiliser les noms de couleurs
- Parler de son emploi du temps
- Demander ou donner un prix
- Faire des comparaisons de prix entre différents pays

- Je compare mon emploi du temps avec celui d'un ami espagnol.

- Le présent des verbes à diphtongue
- Les verbes *hacer* et *saber*
- L'expression de l'heure
- Exprimer un prix en euros
- Les comparatifs
- Compter de 20 à 99

Chapitre 4

Lo que me gusta

Lugares de España 54

1 • La casa de Antonio Banderas 56
• La casa ideal 57

2 • Me encanta esta foto 58
• Entrevista a Gabriela Vergara 58
• Foro: Infojardín 59
• ¿Mar o montaña? 59

3 • Las vacaciones de la Familia Real 60
• Los gustos de la Familia Real 60
• Una familia muy golosa 61

Vamos a ver 62
Juegos 63
ÉVALUATION 64

- Exprimer ses goûts, ses préférences
- Parler des vacances à la mer et à la montagne
- Nommer les pièces de la maison
- Parler de la famille royale

- J'explique à un camarade où je préfère passer mes vacances et je donne mes préférences : mer ou montagne.

- Le verbe *gustar* : conjugaison et emplois
- Le verbe *encantar*
- Le participe passé
- Compter de 100 à 1000

Chapitre 5

¿Qué estás haciendo?

Algunas fiestas 66

1 • ¿Dónde están los niños? 68
• Diviértete descubriendo el mundo 69

2 • ¡Qué vecina más pesada! 70
• Todos en línea 71

3 • ¿Quiénes son los Reyes? 72
• Carta a los Reyes Magos 72

4 • Los peces en el río 74
• Navidad, Navidad 75

5 • El 5 de enero en Lima y en Madrid 76
• Calendario 77
• El tiempo 77

Vamos a ver 78
Juegos 79
ÉVALUATION 80

- Parler de ce que je suis en train de faire
- Décrire une scène ou une action
- Avoir une conversation téléphonique
- Parler des fêtes de Noël
- Comparer le climat entre les pays d'Amérique du Sud et l'Espagne à une même date
- Écrire une lettre

- J'écris une lettre aux Rois mages pour demander un cadeau.

- Le gérondif
- La forme progressive
- Les pronoms personnels
- Les formules usuelles au téléphone
- Un équivalent de « on »
- Le vocabulaire de la correspondance
- Le lexique des saisons et des mois de l'année
- Le lexique du climat et de la météo

Table des matières (suite)

Chapitre 6

¡Que lo pases bien!

Fiestas americanas 82

1 • Hablando por teléfono 84
• Petición de mano 84
• El cumpleaños de Carlos 85

2 • Dame esa carta 86
• ¡Cásate conmigo! 87

3 • Juegos que estimulen a los niños 88
• El lenguaje del abanico 89

Vamos a ver 90
Juegos 91
ÉVALUATION 92

MICRO-TÂCHES

- Rédiger une carte d'anniversaire
- Exprimer un souhait, une envie, un sentiment
- Donner un ordre
- Décoder quelques messages du « langage de l'éventail »

TÂCHE

- Je fais un cadeau à un ami et formule des vœux de bonheur.

OBJECTIFS LINGUISTIQUES

- Le subjonctif présent
- L'ordre direct et l'ordre indirect
- L'impératif
- La défense

Chapitre 7

Así vivían

Algunos animales 94

1 • Alma y sus mascotas 96
• Los españoles y sus mascotas 97

2 • El lobito bueno 98
• Las brujas no existen 99

3 • Francisco Ibáñez 100
• Los jóvenes españoles y la lectura 101

4 • Las civilizaciones precolombinas 102

Vamos a ver 104
Juegos 105
ÉVALUATION 106

MICRO-TÂCHES

- Évoquer une scène du passé
- Évoquer des souvenirs
- Parler de ses animaux familiers
- Parler de mondes imaginaires

TÂCHE

- Je parle, au choix, d'un animal ou d'une passion que j'avais quand j'étais plus jeune.

OBJECTIFS LINGUISTIQUES

- L'imparfait de l'indicatif
- Le superlatif
- *Érase una vez…*

Chapitre 8

Como quieras

Barcelona 108

1 • Reglas para portarse en el colegio 110
• En un café 111

2 • ¿Qué te apetece? 112
• En el restaurante 113

3 • Horarios de trabajo 114
• El mundo, reloj en mano 115

4 • Entrevista con Pau Gasol 116
• ¿Cómo visten? 117

5 • Fernando Alonso, un as en seguridad 118
• España, el país de los moteros 119
• Tengo ganas de pasear 119

Vamos a ver 120
Juegos 121
ÉVALUATION 122

MICRO-TÂCHES

- Parler des règles de vie au collège
- Parler de ses horaires et de sa vie quotidienne
- Parler de ses repas
- Passer une commande au restaurant
- Présenter les règles de sécurité en matière de transport
- Décrire ses vêtements et ses habitudes vestimentaires

TÂCHE

- J'explique à un ami ce que je dois faire dans une journée.

OBJECTIFS LINGUISTIQUES

- L'obligation personnelle et impersonnelle
- L'expression de l'heure
- Les verbes à affaiblissement
- *Mientras que*
- *Soler* pour exprimer l'habitude
- Le futur dans la subordonnée temporelle

Chapitre 9

¿Qué pasará?

Animales americanos 124

1 • Amarás el mar 126
• Deberías saber que la Tierra... 127

2 • Salvar a las ballenas 128

3 • ¿Qué van a hacer con los animales? 130
• Abre las puertas a la ecología práctica 131

4 • Paisajes que no veremos más 132
• Tigres en peligro 133

Vamos a ver 134

Juegos 135

ÉVALUATION 136

- Exposer un projet au futur
- Écrire une lettre pour défendre une cause
- Rédiger un slogan pour défendre la planète

- Je convaincs mes camarades de classe de l'importance de réagir pour sauver la planète. Je choisis une cause (la forêt, l'eau, un animal, l'air, etc.) et j'argumente.

- Le futur
- L'expression du futur dans la subordonnée
- L'hypothèse
- Le conditionnel
- Les chiffres

Chapitre 10

De viaje

Lugares de América 138

1 • Una niña en el Amazonas 140
• Una aventura en Brasil 140
• Guatemala 141

2 • Ven a Perú 142
• Lima 142
• Fauna peruana 142

3 • El sueño de un aventurero 144
• La lora 145
• Ven a Puebla y llévate todo México 145

Vamos a ver 146

Juegos 147

ÉVALUATION 148

- Raconter des événements passés
- Résumer une histoire
- Découvrir quelques pays d'Amérique latine
- Raconter un voyage, dire ce que l'on a pu voir dans un pays
- Envoyer une carte postale virtuelle par Internet

- Dans une enquête policière, témoigner et raconter des faits au passé.

- Le passé composé
- Le passé simple des verbes réguliers et irréguliers

Annexes

• Mémento grammatical 150

• Tableaux de conjugaison 160

• Lexique 164

En clase de español

Para saludar

Para entender

Para contestar

Para comunicarse

Escucha el CD y pronuncia bien.

El flamenco

La playa

1

¿Cómo te llamas?

MICRO-TÂCHES

- Donner son nom
- Saluer quelqu'un
- Se présenter
- Présenter les membres de sa famille
- Présenter quelqu'un

TÂCHE

- Je présente brièvement à un ami une personne ou un personnage que j'apprécie.

OBJECTIFS LINGUISTIQUES

- Le présent de l'indicatif du verbe *llamarse*
- Le verbe être : *ser*
- Les articles définis
- Les articles indéfinis
- Les mots interrogatifs
- L'alphabet
- Le pluriel des articles et des noms
- Compter de 1 à 10

Unité 1

1 Comprender...

1. La chica se llama ....
2. El chico se llama ....

2 Decir...

1. ¿Cómo se llama la chica?
2. ¿Cómo se llama el gato?

3 Decir...

I. Escucha y repite.

1. El colegio – **Juan** – **Juana**.
2. Elena – María.
3. El chico – la chica.

II. Escucha y repite.

La phrase interrogative : **¿Cómo se llama la chica?**
La phrase affirmative : **La chica se llama Isabel.**

1. Se llama Marta.
2. ¿Se llama Marta?
3. Te llamas Ramón.
4. ¿Te llamas Ramón?

Fíjate bien

Les articles

el chico la chica

Le présent de l'indicatif du verbe *Llamarse*

me llamo
te llamas
se llama

La phrase interrogative

Une question est toujours annoncée par un point d'interrogation à l'envers.

• ¿Cómo te llamas?

Pour les mots interrogatifs, l'accent est toujours écrit.

4 Escuchar

Escucha el CD y completa.

¡HOLA!

1. El chico se llama ....
2. La chica se llama:
   a. Juana;
   b. María;
   c. Marta.
3. La otra chica se llama:
   a. Maribel;
   b. Elena;
   c. Isabel.

5 Decir

¿Cómo se llama el tenista?
El tenista ....

Ejercicios

Completa las frases.

1. El gato ....

2. El osito de Enriqueta ....

6 Escuchar

UNA PREGUNTA

Écoute le CD. Laquelle de ces trois phrases est interrogative : la 1re, la 2e ou la 3e ?

Unité 2

¡Hola!

Por la mañana — Por la tarde — Por la noche

1 Comprender

1. Di cómo se llama el chico.
2. Di cómo se llama la chica.

Decir 2

Di cómo se llama el campeón.

El ...... Fernando Alonso.

Fíjate bien

Les articles

un alumno
una alumna

un profesor
una profesora

Ser

soy
eres
es

¿Cómo te llamas?

– ¿Te llamas Breto?
– Sí, señora.
– ¿Breto es un nombre?
– Un diminutivo.
– ¿De qué?
– De Libreto.
– ¿De Liberto?
– No señora. De Libreto.

Eduardo Mendoza, *Mauricio o las elecciones primarias*, 2006.

3 Comprender

1. La señora habla con un ....
2. El chico se llama ....
3. Breto es el diminutivo de ....

1. *Bon..., il fallait bien que quelqu'un souhaite la bienvenue au printemps.*

4 Decir

Presenta a las diferentes personas de la foto de arriba *(du haut)*.

5 Escuchar

Escucha el CD y completa.

¿CÓMO SE LLAMA?

1. El profesor de español se llama ...... García Morales.
2. Felipe es un ...... inteligente.
3. La ...... de francés ...... Luisa.
4. La alumna se llama Pili. Pili es el ...... de Pilar.

Eduardo Mendoza, *Mauricio o las elecciones primarias*, 2006.

Ejercicios

1. Completa.

Se ...... Gaturro.
Es ....

2. Escribe en femenino.

a. El alumno es simpático.
b. El profesor es español.
c. El señor García es el profesor.

¿Quién es?

1 Decir

1. El padre se llama ....
2. La madre ....
3. El chico ....
4. Las chicas se llaman ...... y ...... y ....
5. El hermano de Marina es ....
6. Vera es la hermana pequeña de ....

2 Actuar

Preséntate y da el nombre de tus hermanos y hermanas (si tienes).

Dilo bien

- mi hermano: *mon frère*
- mi hermana: *ma sœur*
- mis hermanos: *mes frères*
- mis hermanas: *mes sœurs*
- No tengo hermanos: *je n'ai ni frère ni sœur.*

Fíjate bien

Le pluriel

el chico → los chicos
la alumna → las alumnas

el profesor → los profesores
un chico español → chicos españoles

Remarque :
au pluriel, « des » ne se traduit pas.
un chico *(un enfant)* → chicos *(des enfants)*

Ejercicios

Contesta.

1. ¿Quién es Lourdes?
2. ¿Quién es José?
3. ¿Quién es Helio?

Nombre: Joaquín Cortes
Ciudad: Córdoba (España)
Profesión: bailaor

Nombre: Shakira
País: Colombia
Profesión: cantante

Nombre: Penélope Cruz
Ciudad: Madrid
Profesión: actriz

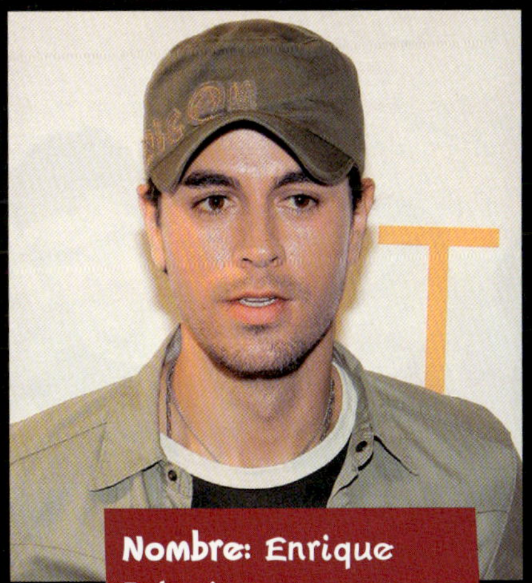

Nombre: Enrique Iglesias
Ciudad: Miami (Estados Unidos)
Profesión: cantante

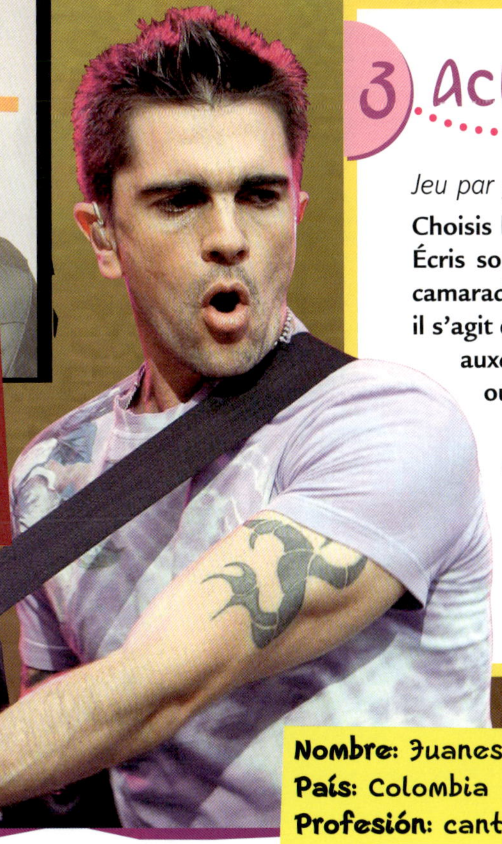

Nombre: Juanes
País: Colombia
Profesión: cantante

3 Actuar

Jeu par groupes de deux.

Choisis l'une de ces personnalités. Écris son nom sur un papier. Tes camarades doivent trouver de qui il s'agit en te posant des questions auxquelles tu réponds par oui ou par non *(Sí – No)*.

¿Es español(a)?
¿Es colombiano(a)?
¿Es actor?

Se llama ....

Unité 4

Entrevista con Miguel Ángel Muñoz

– ¿Quién es M.A.M.?
M.A.M. son las iniciales de mi nombre. Me llaman así muchos amigos, y también mis hermanas.

– ¿Cuántos años tienes?
Tengo 22 años.

– ¿Qué eres más: actor o cantante?
Por supuesto[1] actor.

Muy Junior, marzo de 2006.

1. *évidemment*

1 Decir

Presenta a Miguel Ángel Muñoz.

Dilo bien

- un cantante: *un chanteur*
- un actor
- un artista
- una película: *un film*
- joven: *jeune*

De memoria

también: *aussi*

6

Miguel Ángel canta con el grupo *Upa Dance*, grupo nacido de la serie de televisión *Un paso adelante*.

2 Escuchar

7

Escucha el CD y completa.

MIS ADORABLES VECINOS

En la serie *Mis adorables vecinos*, Miguel Ángel interpreta a un personaje que se llama ...... Castillo. Es un ...... amigo de Charli.

Muy Junior, marzo de 2006.

El alfabeto

A, B, C, CH, D,

es la D, la de Día, de Decir, de Diamante.

E, F, G, H,

es la H de ¡Hola!, la de Hoy[1], la de Hombre.

I, J, K, L,

es la L de Libro, de Leer[2], o de Libre.

LL, M, N,

es la N de Nido, la de Nuevo[3], de Nube.

Ñ, O, P, Q, R,

es la R de Rosa, de Reír[4], de Romance.

S, T, U, V,

la V de mi Vida[5], de Verde[6] y de Verte....
y de Volver a Verte[7].

W, X, Y y Z,

la del Zorro...

y así se acaba de una vez
nuestra lista,
ya ves.

Canción de Sebastián Piga (Chileno).

1. *aujourd'hui* 2. *lire* 3. *neuf, nouveau* 4. *rire* 5. *vie* 6. *vert* 7. *te revoir*

3 Decir

Escucha el CD y pronuncia bien.

- **la LL de lluvia**
- **la S de serio**
- **la Z del Zorro**
- **el perro**
- **pero**
- **la rosa**
- **José**

Ejercicios

En voz alta, deletrea estas palabras.
Amigo – hermano – Juan.

Fíjate bien

En espagnol, les lettres sont du genre féminin.

La a, la b, la c...

la vocal: *la voyelle*

la consonante: *la consonne*

Vamos a ver

Se présenter

1. Le verbe *llamarse* (s'appeler) au présent

Les trois personnes du singulier
me llamo
te llamas
se llama

Complète avec le verbe llamarse.

.... Enriqueta.

2. Le verbe *ser* au présent

Les trois personnes du singulier
soy
eres
es

Complète avec le verbe ser.

.... un gato.

Les articles

el chico → la chica
los chicos → las chicas

un chico → chicos
una chica → chicas

Saluer

1. Pour dire bonjour

Por la mañana	¡Hola! ¡Buenos días! ¡Hola! ¡Buenos días!
Por la tarde	¡Hola! ¡Buenas tardes! ¡Hola! ¡Buenas tardes!
Por la noche	¡Hola! ¡Buenas noches!

2. Pour prendre congé

¡Adiós!
¡Hasta luego!

On peut dire aussi :

¡Adiós! ¡Buenas tardes!
¡Adiós! ¡Buenas noches!

Les mots interrogatifs et exclamatifs

Tu as remarqué que ces mots portent toujours un accent écrit.

¿Cómo te llamas?
¿Quién es?
¡Qué bien!

Contar

1	2	3	4	5
uno	dos	tres	cuatro	cinco
6	7	8	9	10
seis	siete	ocho	nueve	diez

Juegos

1. ¡Vaya enredo!

→ **Ordena las palabras para formar un diálogo.**

2. Sopa escolar

I	P	A	D	R	E
C	E	M	I	L	S
H	G	A	T	O	P
I	R	D	A	P	A
C	I	R	S	G	Ñ
O	A	E	B	I	A

→ **Busca cinco palabras en esta sopa de letras.**

3. Trabalenguas

El perro de San Roque
No tiene rabo
Porque Ramón Rodríguez
Se lo ha cortado.

→ **Escucha y repite esta frase.**

Évaluation

1. El detective Conan

TÂCHE

Je présente oralement ce personnage de dessin animé à un camarade.

- **J'évalue ma capacité à** présenter un personnage de dessin animé.
- **Je devrais pouvoir** donner son nom et dire d'où il est.

Mon évaluation:

2. Las vocales

a: tu cara
e: ....
ae: tu cara en las nubes
i: el ....
aei: tu cara en las nubes del cielo
o: la tierra
aeio: tu cara en las nubes del cielo miran la tierra
u: yo, primero ....
aeiou: tu cara en las nubes del cielo mira la tierra buscándome.

Luciano P. Díaz, *Las estaciones de un tren fantástico*, 1990.

Écoute attentivement le poème plusieurs fois et complète les mots qui manquent.

- **J'évalue ma capacité** à reconnaître les sons.
- **Je devrais pouvoir** reconnaître des mots de vocabulaire déjà utilisés.

Mon évaluation:

3. El zorro

Nombre: Antonio Banderas
País: España
Profesión: actor

TÂCHE

Je présente cet acteur à un ami.

♦ **J'évalue ma capacité** à présenter quelqu'un.

♦ **Je devrais pouvoir** réemployer les expressions et le vocabulaire du chapitre.

Mon évaluation :

4. Escucha bien

12

Écoute le CD et retrouve, à chaque fois, lequel des deux mots est prononcé.

♦ **J'évalue ma capacité à** reconnaître les sons.

♦ **Je devrais pouvoir** retrouver les mots prononcés.

Mon évaluation :

Madrid

1. Soy una de las avenidas más importantes de Madrid. ¿Quién soy?
2. En este lugar se encuentra el kilómetro cero de las carreteras españolas. ¿Cómo se llama este lugar?

2

¿Quién eres?

MICRO-TÂCHES

- Présenter une personne
- Dire d'où l'on est
- Comprendre un message électronique
- Parler de son emploi du temps
- Retrouver la capitale des pays du monde hispanique

TÂCHE

- Je remplis un formulaire avec les informations nécessaires pour recevoir une documentation.

OBJECTIFS LINGUISTIQUES

- Le présent de l'indicatif des conjugaisons régulières
- Le présent de l'indicatif des verbes *ser, estar, tener, ir*
- Les prépositions de lieu
- Les pronoms personnels sujets
- Les jours de la semaine
- Compter de 11 à 20

Solución: 1. la Gran Vía, 2. la Puerta del Sol.

Unité 1

La Paz es la capital de **Bolivia**.
En Bolivia, la gente habla español.

Madrid es la capital de **España**.

La capital de **Argentina** es **Buenos Aires**.
Los Argentinos hablan español.

La Habana es la capital de **Cuba**.
En Cuba, la gente habla español.

1 Decir

Interroga a tu compañero.

¿Cómo se llama la capital de ......?
¿...... es la capital de qué país?

2 Escribir

En el cuaderno escribe dos frases:
«La capital de ...... es ....»

Colombia | Ecuador | Francia | Uruguay
Venezuela | Chile

París | Bogotá | Montevideo | Santiago
Caracas | Quito

Fíjate bien

Tu as remarqué qu'il n'y a pas d'article devant les noms de pays. Il y a toutefois quelques exceptions que tu découvriras au fur et à mesure de ton apprentissage.

Par exemple, les Espagnols disent «Argentina» *mais, en Argentine, les Argentins disent* «**la** Argentina».

3 Actuar

Imita a Raquel y a Enrique. Preséntate a tus compañeros.

De memoria

Soy de Madrid.
Soy de Barcelona.
El chico **es de** México.

13

Comprender 4

1. ¿De dónde es Tracy?
2. ¿Qué idiomas habla Tracy?

En el blog de Tracy

3 de agosto de 2005.

Soy Tracy, de un pequeño pueblo[1] en Montana (Estados Unidos). Estudio arte y español.

Tenemos muchos idiomas importantes en nuestro país y sobre todo el español. Más[2] de cuarenta[3] millones de personas en los Estados Unidos son hispanohablantes.

www.lacoctelera.com/tyoung

1. *un petit village* 2. *plus* 3. *quarante*

La fuerza del español

El español es la lengua oficial en 22 países del mundo.

14

Escuchar 5

Escucha el CD y completa.

LA OPINIÓN DE TRACY

Aprender a ...... un ...... extranjero es ...... porque da acceso a otra cultura.

www.lacoctelera.com/tyoung

Dilo bien

- la ciudad: *la ville*
- el pueblo: *le village*

Ejercicios

Contesta.
Y tú, ¿de dónde eres?

Fíjate bien

Le présent de l'indicatif

Verbes en -ar	Un verbe irrégulier
Hablar	**Tener** *(avoir)*
hablo	tengo
hablas	tienes
habla	tiene
hablamos	tenemos
habláis	tenéis
hablan	tienen

Unité 2

Entrevista a Rafael Nadal

- Hola, Rafael. ¿Tienes hermanos?
- Sí, tengo una hermana.
- ¿Dónde vives?
- Vivo en Manacor, en Mallorca.

1 Comprender

1. **¿Dónde vive Rafael?**
2. **¿Tiene hermanos?**

ALGUNOS DATOS

Nombre: Rafael Nadal Parera

Residencia: Manacor, Mallorca (Islas Baleares)

Padres: Sebastián y Ana María

Hermanos(as): María Isabel (15 años)

Ropa: Nike

Jugador favorito: Carlos Moya

Entrenador: Toni Nadal (tío)

3 Actuar

Par groupes de deux.

Observa los datos de Rafael Nadal e imagina las preguntas entre un periodista *(un journaliste)* y Nadal.

2 Escuchar

Escucha el CD y completa.

ENTREVISTA AL TENISTA

- ¿Cómo se llama tu ……?
- María Isabel. Tiene 15 años.
- ¿Quién es Toni Nadal?
- Es mi …… . Es también mi tío.
- ¿Cuál es tu …… de fútbol preferido?
- El Real Madrid.

Fíjate bien

Articles + prépositions

- Una entrevista **al** tenista Nadal.

a + el = al

- La hermana **del** tenista se llama María Isabel.

de + el = del

Les prépositions de lieu

Le lieu où l'on est
- Estoy **en** Madrid.
- Vivo **en** Manacor.

L'endroit où l'on va
- La chica va **al** colegio.
- Va **a** París.

L'endroit d'où l'on vient, l'origine
- Es **de** Madrid.

L'endroit par où l'on passe, l'espace que l'on parcourt
- Paseo **por** las calles.

Una actriz en París

Kati tiene 16 años. Es actriz y vive en Chile.
Hoy, está en París.

Periodista – Eres actriz, y ¿vas al colegio también?
Kati – Sí, mi hermana Raquel y yo vamos al mismo colegio.
Periodista – ¿Estás en París para trabajar?
Kati – Sí, el director[1] va a filmar algunas escenas en París. Así que[2] trabajo un poco y también paseo por las calles[3] y como en el restaurante.

Entrevista con Kati Mena, actriz chilena.

1. *le metteur en scène* 2. *donc* 3. *les rues*

4 Comprender...

1. **¿De dónde es Kati?**
2. **¿En qué ciudad está?**
3. **¿Quién es Raquel?**
4. **¿Por dónde pasea?**

5 Escuchar

16

Escucha el CD y completa.

LAS COMIDAS

– Y ¿dónde comes?
– Entre las 2 y las 3, voy .... Por la noche, como ...... restaurante también.
– Y ¿por la mañana?
Desayuno ...... el hotel.

Fíjate bien

Le présent de l'indicatif

Verbes en -er	Verbes en -ir	Deux verbes irréguliers	
Comer	**Vivir**	**Ir** *(aller)*	**Tener** *(avoir)*
como	vivo	voy	tengo
comes	vives	vas	tienes
come	vive	va	tiene
comemos	vivimos	vamos	tenemos
coméis	vivís	vais	tenéis
comen	viven	van	tienen

De memoria

por la mañana
por la tarde
por la noche
mi hermana y yo

17

Chapitre 2

Unité 3

Susu: del Sáhara a Madrid

Susu tiene siete años y vive en un campo de refugiados saharauis en Smara, en el desierto. Ahora, está de vacaciones[1] *en Madrid.*

– ¿Cómo es un día en tu casa en el Sáhara?
– Primero nos levantamos y vamos al cole. Por la mañana, hacemos té y vamos a jugar al fútbol; después[2] comemos.
– ¿Estudiáis español allí[3]?
– Sí, por la tarde, una hora, los miércoles y los jueves. Y con mis amigos hablamos: «hola, amigo».

Por Rafael Ruiz, *El País Semanal*, 22 de mayo de 2005.

1. *il est en vacances* 2. *ensuite*
3. *là-bas*

1 Comprender

1. **¿De dónde es Susu?**
2. **¿Dónde está durante las vacaciones?**
3. **¿En qué momento del día estudia español el niño?**

De memoria

Primero..., después...
Está **de** vacaciones.

2 Escuchar

Escucha el CD y completa.

ENTREVISTA A SUSU

- ¿Dónde ......?
- En Smara.
- ¿Qué es lo que diferencia a ...... de Smara?
- Los españoles son más blancos.
- ¿Qué haces ......, en Madrid?
- Voy a la piscina.

Por Rafael Ruiz, *El País Semanal*, 22/05/2005.

Los días de la semana

lunes
martes
miércoles
jueves
viernes
sábado
domingo

El horario de Manolo

1° de ESO, colegio VELÁZQUEZ, MÓSTOLES (MADRID)

	LUNES	MARTES	MIÉRCOLES	JUEVES	VIERNES
8:25-9:15	Ciencias Naturales	Ciencias Naturales	Tutoría	Lengua extranjera I Inglés	Geografía e Historia
9:20-10:10	Lengua Extranjera II Francés	Lengua y Literatura Castellanas	Educación Plástica y Visual	Ciencias Naturales	Lengua y Literatura Castellanas
10:15-11:05	Matemáticas	Música	Tecnología	Matemáticas	Matemáticas
	PRIMER RECREO				
11:25-12:15	Educación Plástica y Visual	Educación Física	Lengua y Literatura Castellanas	Lengua Extranjera II Francés	Música
12:20-13:10	Lengua y Literatura Castellanas	Geografía e Historia	Geografía e Historia	Lengua y Literatura Castellanas	Lengua Extranjera I Inglés
	SEGUNDO RECREO				
13:25-14:15	Sociedad, Cultura y Religión	Lengua Extranjera I Inglés	Matemáticas	Educación Física	Tecnología

3 Decir

Y tú, ¿cuándo estudias español?

4 Actuar

Par groupes de deux.

Interroga a tu compañero para saber cuándo estudia francés, matemáticas, etc. Por la tarde o por la mañana.

Fíjate bien

Le présent du verbe *hacer* (faire)

hago	hacemos
haces	hacéis
hace	hacen

Pour parler de ce que l'on fait un jour de la semaine

Los miércoles, **los** jueves...

Le mercredi, le jeudi...

Pasa el lunes

Pasa el lunes y pasa el martes
y pasa el miércoles y el jueves
y el viernes
y el sábado y el domingo,
y otra vez el lunes...

Jaime Sabines.
www.los-poetas.com

5 Decir

Escucha el CD y di esta poesía.

Vamos a ver

Le présent de l'indicatif des verbes en -ar, -er, -ir

	Hablar	**Comer**	**Vivir**
(yo)	hablo	como	vivo
(tú)	hablas	comes	vives
(él, ella, usted)	habla	come	vive
(nosotros, as)	hablamos	comemos	vivimos
(vosotros, as)	habláis	coméis	vivís
(ellos, ellas, ustedes)	hablan	comen	viven

Remarque : *on utilise le pronom personnel sujet uniquement pour insister.*

- Como en el restaurante.
Je mange au restaurant.
- Yo como en el restaurante.
Moi, je mange au restaurant.

Conjugue les verbes à la bonne personne.

1. Yo (ser) español y (vivir) en Madrid.

2. Por la mañana, mi hermano (desayunar) en una cafetería de la Gran Vía, pero por la noche (comer) en casa.

3. Juana y María (hablar) español, inglés y francés. (Escribir) en el ordenador cada día.

Le présent de l'indicatif de trois verbes irréguliers

Tener *(avoir)*	**Estar** *(être)*	**Ir** *(aller)*
tengo	estoy	voy
tienes	estás	vas
tiene	está	va
tenemos	estamos	vamos
tenéis	estáis	vais
tienen	están	van

Remarque : *en espagnol, il y a deux équivalents du verbe « être ». Tu connais déjà le verbe «ser». Le verbe «estar» permet de situer, et de dire où tu te trouves.*

Les prépositions de lieu

¿a dónde? *L'endroit où l'on va*	ir **a**	Voy a Madrid. *Je vais à Madrid.*
¿dónde? *L'endroit où l'on se trouve*	estar **en**	Estoy en París. *Je suis à Paris.*
¿de dónde? *L'endroit d'où l'on vient, l'origine*	ser **de**	Soy de Barcelona. *Je suis de Barcelone.*
¿por dónde? *L'endroit par où l'on passe, l'espace que l'on parcourt*	pasear **por**	Paseo por París. *Je me promène à Paris.*

Contar

11	12	13	14	15
once	doce	trece	catorce	quince
16	**17**	**18**	**19**	**20**
dieciséis	diecisiete	dieciocho	diecinueve	veinte

Juegos

1. ¿De dónde son?

➜ Di de dónde viene cada persona.

España	Bolivia	Chile	México	Cuba

2. La carta misteriosa

➜ **Adivina cuáles son las palabras tachadas.**

3. Trabalenguas

Como poco coco como,
poco coco compro.

Comme je mange peu de noix de coco,
j'achète peu de noix de coco.

➜ **Escucha y pronuncia bien.**

ÉVALUATION

1. ¿De dónde eres?

Écoute le CD et réponds aux questions.

1. ¿De dónde es el chico?
   a. De Barcelona.
   b. De Madrid.
   c. De un pueblo.
2. ¿Cómo se llama?
   a. Juan.
   b. Ramón.
   c. José.
3. ¿Cuántos años tiene?
   a. Seis.
   b. Diez.
   c. Doce.
4. ¿Dónde trabaja el niño?
   a. Trabaja en un quiosco.
   b. Trabaja en un museo.
   c. Trabaja en un circo.
5. ¿Con quién trabaja?
   a. Con su amigo.
   b. Con su hermano.
   c. Con su hermana.

Según Juan Marsé, *El amante bilingüe*, 1991.

- **J'évalue ma capacité à** présenter quelqu'un.
- **Je devrais pouvoir** comprendre les différentes questions posées.

Mon évaluation:

2. Comentarios en el blog

Rafa, ... un gran deportista español.
Comentario de ...... – Abril 18, 2006.

.... Rafa. Eres el mejor.
Comentario de ...... – Abril 30, 2006.

Nadal, ¡eres mi mejor tenista!!
Comentario de ...... – Julio 24, 2006.

www.rafael-nadal.net

Écoute le CD et complète.

- **J'évalue ma capacité à** reconnaître des mots étudiés.
- **Je devrais pouvoir** repérer les sons pour retrouver les mots.

Mon évaluation:

3. Más información

COSTA DAURADA
A tu manera

"Cambiar la rutina por el encanto de lo que es natural. Descubrir el Montsant y Prades, disfrutar de un paseo en familia y oler a tomillo y romero."

[+] INFORMACION
Naturaleza

Nombres y Apellidos
Dirección
Código Postal
Población
Provincia

TÂCHE

Je remplis un formulaire avec les informations nécessaires pour recevoir une documentation.

- **J'évalue ma capacité à** remplir un coupon-réponse.
- **Je devrais pouvoir** renseigner les rubriques demandées.

Mon évaluation:

COSTA DAURADA
A tu manera

"Cambiar la rutina por el encanto de lo que es natural. Descubrir el Montsant y Prades, disfrutar de un paseo en familia y oler a tomillo y romero."

[+] INFORMACION
Naturaleza

Nombres y Apellidos ____________________ Código Postal ____________
Dirección ____________________ Provincia ____________
Población ____________________

Dalí

Cisnes reflejando elefantes, 1937.

Algunos pintores

Escucha el CD y di cuál es el nombre de cada pintor: Pablo, Salvador, Antoni, Joan, Francisco.

Picasso

Mujer con sombrero, 1935.

Tàpies

Dos siluetas, 1947.

Goya

Las Floreras, 1786.

Miró

Tres mujeres, 1935.

3

¿Qué quieres?

MICRO-TÂCHES

- Utiliser les noms de couleurs
- Parler de son emploi du temps
- Demander ou donner un prix
- Faire des comparaisons de prix entre différents pays

TÂCHE

- Je compare mon emploi du temps avec celui d'un ami espagnol.

OBJECTIFS LINGUISTIQUES

- Le présent des verbes à diphtongue
- Les verbes *hacer* et *saber*
- L'expression de l'heure
- Exprimer un prix en euros
- Les comparatifs
- Compter de 20 à 99

Solución: Salvador Dalí, Francisco de Goya, Pablo Picasso, Antoni Tàpies, Joan Miró.

Chapitre 3

Unité 1

Caramelos de todos los colores

«Yo quiero el rosado[1], porque va bien con mi vestido[2] -dice Felisa. Los rosados son los más grandes.»

«Yo, el naranja -dice Alejo- porque creo que es de naranja.»

«Yo, el rojo» -dice Flaminia.

«Yo, el verde -dice Esmeralda- porque me llamo Esmeralda.»

«Yo el amarillo -dice Elisa. Me gusta el oro.»

«Yo quiero el celeste[3]» -dice Livia.

«Yo quiero el azul» -grita Alberto.

Según Silvina Ocampo, «La caja de bombones», in *Cornelia frente al espejo*, 1988.

1. de color rosa 2. *ma robe* 3. *bleu ciel*

1 Escuchar

Hay dos errores en el texto. Escucha el CD y corrige.

1. Felisa quiere un caramelo ....
2. Alejo prefiere un caramelo ....
3. Flaminia quiere uno ....
4. Esmeralda lo quiere ....
5. Elisa prefiere uno ....
6. Livia ......
7. Alberto ......

Según Silvina Ocampo, 1988.

Comprender 2

Es un anuncio del Tesoro Público. Con la foto, el publicista quiere ilustrar la frase: «el Tesoro Público te ofrece diferentes fórmulas para invertir *(investir)* tu dinero...»

¿Qué representan los caramelos en la foto?

a. A los clientes.
b. El dinero.
c. Las fórmulas.
Justifica tu respuesta.

Dilo bien

- el color
- los colores
- un color llamativo: *une couleur vive*

Frutas y verduras de todos los colores

3 Actuar

Par groupes de deux.

Choisis un fruit ou un légume. Écris le nom sur un papier. Ton camarade doit deviner ce que tu as choisi. Tu ne réponds que par oui ou par non à ses questions *(Sí – No)*.

Por ejemplo:
Es una fruta de color…
Tiene una forma redonda, alargada…
Esta fruta tiene pepitas, un hueso…

Dilo bien

- una legumbre: *un légume*
- la pepita: *le pépin*
- el hueso: *le noyau*
- redondo: *rond*
- alargado: *allongé*

Comer frutas y verduras

«¡Esto es asqueroso[1]!» es la frase típica de Javier cuando su madre le ofrece un colorido plato de verduras crudas. El niño se niega[2] a comer cualquier producto vegetal.

Su madre sabe que es importante para la salud[3] de Javier aprender a comer estos productos, y por eso insiste.

La Organización Mundial de la Salud promueve[4] el consumo de «cinco colores» de frutas y verduras antes de los dos años de edad para los niños.

www.pediatraldia.cl/junio2005/como_verduras.htm

1. *C'est dégoûtant !* 2. negarse (ie) a: *refuser de* 3. *la santé* 4. promover (ue): *promouvoir*

De memoria

El niño **se niega a** comer verduras.

4 Comprender

1. **El niño no quiere comer fruta o verdura. Apunta dos detalles que lo revelan.**
2. **La fruta es muy buena para la salud. Lee la frase que lo muestra.**

Fíjate bien

Les verbes à diphtongue

Promover (ue)	Querer (ie)
promuevo	quiero
promueves	quieres
promueve	quiere
promovemos	queremos
promovéis	queréis
promueven	quieren

Le verbe *saber*

Il est irrégulier à la première personne du singulier.

Sé, sabes, sabe, sabemos, sabéis, saben.

Unité 2

El horario de Daniel

Me despierto a las siete.

Me ducho y desayuno.

Voy al cole en autobús. Sale a las ocho menos veinte.

A las 8.15 empieza la primera clase.

Durante el recreo, a las 11.30, suelo comer algún bocadillo.

Las clases acaban a las 14.20. Vuelvo a casa para comer.

1 Actuar

Par groupes de deux.

1. **Imagina que eres Daniel. Un amigo te interroga a propósito de tu horario.**
2. **Interroga a tu compañero a propósito de su horario.**

Dilo bien

- el reloj: *la montre, l'horloge, la pendule*
- temprano ≠ tarde
- correr: *courir*
- tomar el autobús

Por la tarde

Por la tarde, juego al fútbol.

Entre las 5 y las 6 hago los deberes.

2 Decir...

¿Qué te parece el horario de Daniel por la tarde? Compara con lo que sueles hacer tú.

Veo la tele y ceno a las 9.30.

Me acuesto a las 10.30 y me duermo en seguida.

3 Escribir

Escribe tu propio horario por la tarde.

De memoria

Veo la tele.
Vuelvo a casa.

Dilo bien

- un partido de fútbol
- meter un gol: *marquer un but*
- la cama: *le lit*

Fíjate bien

Les verbes à diphtongue

Empezar (ie)	Volver (ue)
empiezo	vuelvo
empiezas	vuelves
empieza	vuelve
empezamos	volvemos
empezáis	volvéis
empiezan	vuelven

L'heure

Voir **Vamos a ver** *p. 50.*

Ejercicios

Écris au pluriel.

1. Cada tarde juego al fútbol.
2. Ceno en casa y me acuesto.
3. Me duermo a las diez.
4. Te despiertas a las seis y media.
5. Hago los deberes antes de jugar.

Unité 3

¿Cuánto cuesta una entrada de cine?

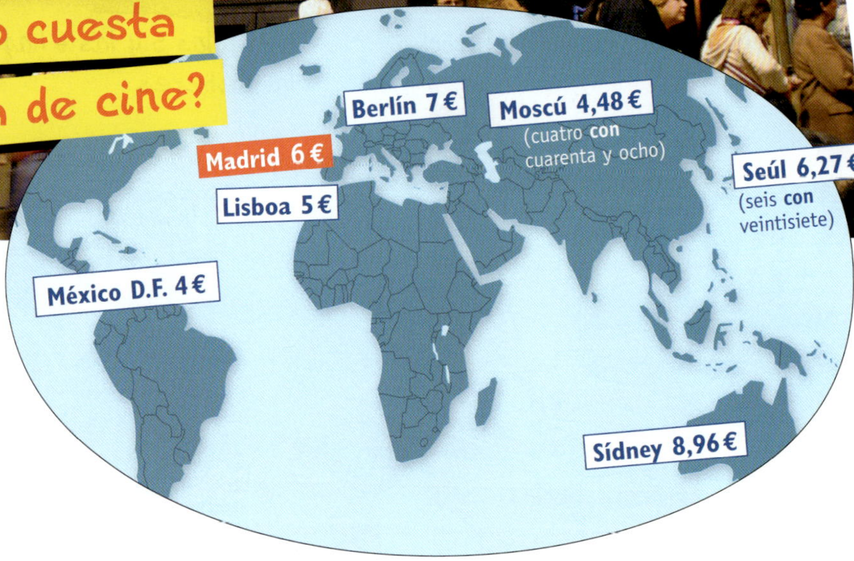

1 Decir

Compara los diferentes precios para ir al cine.

La entrada de cine cuesta ...... en ....
La entrada de cine es más cara en ...... que en ....
El cine es más barato en ...... que en ....

Dilo bien

- barato: *bon marché*
- más barato: *meilleur marché, moins cher*
- caro: *cher*

2 Actuar

Par groupes de deux.

Interroga a tu compañero para conocer los diferentes precios en las diferentes ciudades.

Fíjate bien

Le comparatif de supériorité

- Una entrada de cine es **más** cara en Madrid **que** en México.

Le comparatif d'égalité

- La Coca-cola es **tan** barata en Río **como** en Nueva Delhi.

Le Coca-cola est aussi bon marché à Rio qu'à New Delhi.

Le comparatif d'infériorité

- En Lisboa vive **menos** gente **que** en México.

Les prix en euros

- 6 €: seis euros
- 6,27 €: seis euros **con** veintisiete
- 0,62 €: sesenta y dos céntimos

¿Cuánto cuesta una lata de Coca-cola?

3. Actuar

Par groupes de deux.

Compara los diferentes precios de la Coca-cola en el mundo.

Un lavado de coche en ...

4. Escribir

Compara tres precios. Haz tres frases con más ... que ... .

Chapitre 3

Unité 4

Cuánto cuesta ver un cuadro de Picasso en…

Picasso, *Paloma con flores*, 1957.

Picasso, *Jacqueline con cinta amarilla*, 1962.

…el museo MoMa de Nueva York: 15 euros

…el museo Guggenheim en Nueva York: 16 euros

…el museo Picasso de Barcelona: 6 euros

…el museo Reina Sofía en Madrid: 3 euros

…el museo nacional Picasso de París: 7,70 euros

…el museo Picasso de Málaga: 13 euros

1 Decir…

1. **Compara los precios para entrar en los diferentes museos.**
2. **Di cuál es el museo más caro y cuál es el museo más barato.**

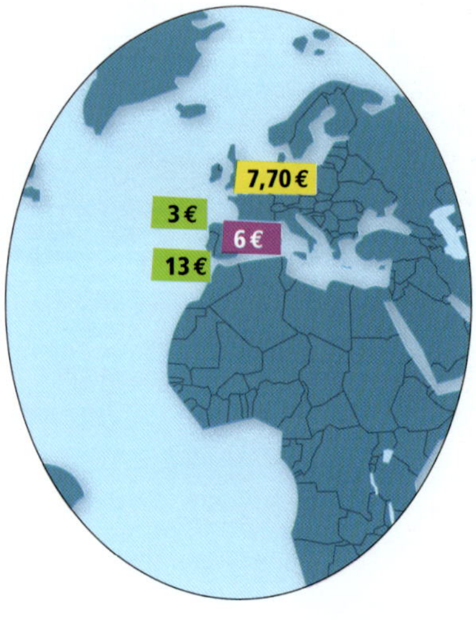

Picasso, «*Parade*», 1917.

2 Escuchar

Escucha el CD y contesta.

EN EL REINA SOFÍA

1. Para una familia, una visita con los niños al museo cuesta: a. 5 euros. b. 15 euros. c. 50 euros.
2. La visita es gratuita: a. el sábado a partir de las 12:30. b. el sábado a partir de las 14:30. c. el sábado a partir de las 16:30.
3. Es gratuita también: a. el domingo por la mañana. b. el domingo por la tarde. c. todo el día del domingo.

www.juantomas.net/2006/08/21/exposicion-de-picasso-en-el-reina-sofia/

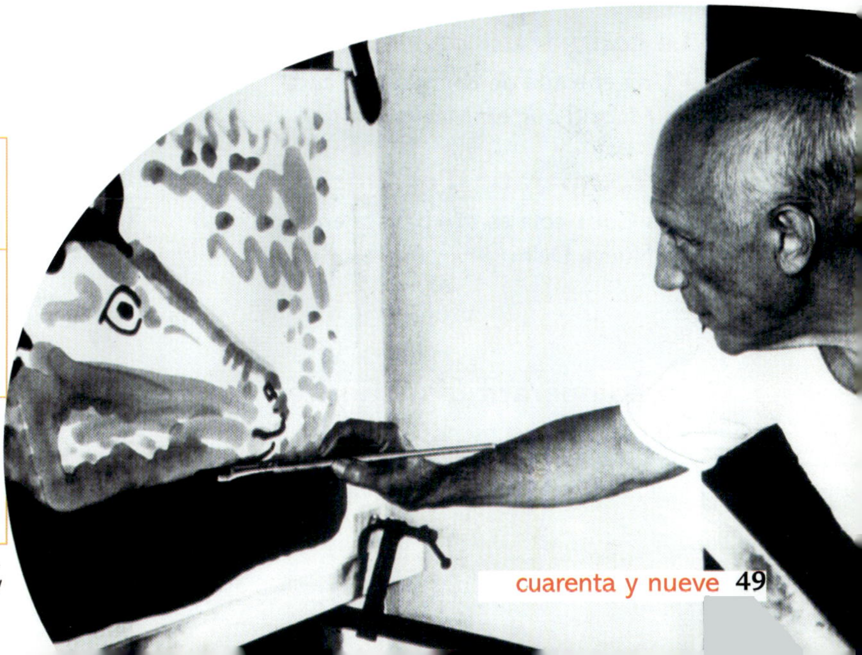

Vamos a ver

Le présent des verbes à diphtongue

Querer (ie) *(aimer, vouloir)*	Poder (ue) *(pouvoir)*
quiero	puedo
quieres	puedes
quiere	puede
queremos	podemos
queréis	podéis
quieren	pueden

Deux verbes irréguliers au présent

Hacer *(faire)*	Saber *(savoir)*
hago	**sé**
haces	sabes
hace	sabe
hacemos	sabemos
hacéis	sabéis
hacen	saben

Les comparatifs

Le comparatif de supériorité

- Una entrada de cine es **más** cara en Madrid **que** en México.

Le comparatif d'égalité

- La Coca-cola es **tan** barata en Río **como** en Nueva Delhi.

Le Coca-cola est aussi bon marché à Rio qu'à New Delhi.

Le comparatif d'infériorité

- En Lisboa vive **menos** gente **que** en México.

L'heure

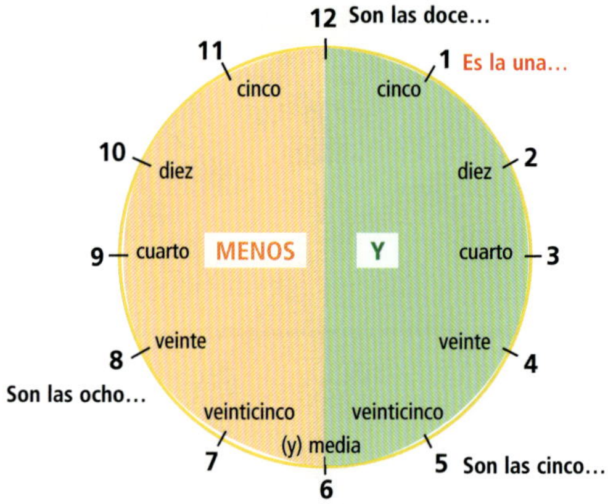

*On emploie «**son**» pour donner l'heure.*

Son las tres. *Il est trois heures.*

Son las cuatro **y** veinte.
Il est quatre heures vingt.

Son las cinco **menos** diez.
Il est cinq heures moins dix.

Son las doce **en punto.** *Il est midi juste.*

Son las ocho y **cuarto.**
Il est huit heures et quart.

Son las cuatro y **media.**
Il est quatre heures et demie.

Attention : **Es** la una. *Il est une heure.*

Remarque : Trabajo **a las** 8.
Vuelvo a casa **a la** una.

Compter de 20 à 99

20	veinte
21	veintiuno
22	veintidós
23	veintitrés
24	veinticuatro
25	veinticinco
26	veintiséis
27	veintisiete
28	veintiocho
29	veintinueve
30	treinta
31	treinta y uno
32	treinta y dos
33	treinta y tres
40	cuarenta
50	cincuenta
60	sesenta
70	setenta
80	ochenta
90	noventa

Juegos

1. Mira con lupa

➜ Si te fijas bien, una de las viñetas pequeñas no se corresponde con el original. Di cuál es.

2. Adivinanza

Verde por fuera[1]
rojo por dentro[2]
y con bailarinas en el centro.

1. *à l'extérieur*
2. *à l'intérieur*

No soy de plata[1]
plata no soy;
ya te he dicho[2]
quién soy.

1. *argent*
2. *je t'ai dit*

➜ Adivina de qué frutas se trata.

3. Sopa de frutas

U	S	O	I	M	A	N
V	A	F	R	E	S	A
A	N	E	R	L	P	R
S	D	U	P	O	I	A
L	I	M	O	N	Ñ	N
I	A	R	A	F	A	J
C	I	R	U	E	L	A

➜ Di cuál de estas frutas no está en la sopa: fresa, limón, plátano, ciruela, sandía, melón, piña, naranja, uvas.

ÉVALUATION

1. Lápices de colores

Écris la couleur qui correspond à chaque numéro.

♦ **J'évalue ma capacité à** parler des couleurs.
♦ **Je devrais pouvoir** écrire les noms de couleur.

Mon évaluation:

2. El horario de Juan

El horario de Juan

Cuando llego a casa, a la una, lo primero que hago es meterme otra vez debajo de la ducha. Luego me hago un par de huevos fritos con chorizo y, de postre, me como la mitad de la tableta de chocolate.
Me tumbo en la cama y a las tres y media me despierto sudando, así que me meto otra vez debajo de la ducha. Me cambio de ropa interior, me pongo una camisa limpia y a las cuatro menos cuarto salgo de casa camino del supermercado para trabajar.

Javier Tomeo, *El cantante de boleros*, 2005.

1. Complète l'encadré.

Acciones	Horas
Vuelve a casa.	A ....
Duerme la siesta.	Hasta las ....
Vuelve al trabajo.	A las ... .

2. Complète l'encadré.

Lo primero que hace cuando vuelve a casa.	....
Lo que come.	....
Lo que hace antes de salir.	....
Su trabajo.	....

♦ **J'évalue ma capacité à** comprendre un message écrit.
♦ **Je devrais pouvoir** écrire les heures.

Mon évaluation:

3. Mi vida en el cole

Mi vida en mi cole (un colegio español)

Hola, soy Andy, tengo 11 años y estudio 6º de Primaria en un colegio español. Voy a tratar de contaros cómo es mi vida en un colegio de Alicante.

Estudios

Mis asignaturas son: Matemáticas, Lenguaje (Lengua española), Conocimiento del Medio, Inglés, Valenciano (nuestra segunda lengua), Informática, Educación artística (Música y Dibujo), Educación Física, Animación a la lectura, Desarrollo de la inteligencia (Juegos de lógica), Religión y Tutoría.

Horario y comidas

Cada día entro al cole a ...... y salgo a las .... Me quedo a comer en el cole. La comida no me gusta mucho. Prefiero la comida de mi abuela. Hay autobuses que nos recogen y nos llevan a casa. Tenemos tres recreos (a las ......, a las ...... y después de ....).

www.euroresidentes.com/testimonios/cole.htm

TÂCHE 29

1. Écoute le CD et complète.
2. Réponds à Andy et compare ton emploi du temps avec le sien.

♦ **J'évalue ma capacité à** comprendre un message oral.
♦ **Je devrais pouvoir** écrire les heures.

Mon évaluation:

4. Cuánto cuesta un Big Mac en ...

30

1. Écoute le CD et complète les prix.

Estados Unidos:	2,44 €
Brasil:	.... €
Marruecos:	.... €
Moldavia:	1,51 €
Rusia:	.... €
Singapur:	1,76 €
España:	.... €

2. À voix haute, compare les prix à Madrid avec ceux de deux autres pays.

♦ **J'évalue ma capacité à** donner des prix et à les comparer.
♦ **Je devrais pouvoir** comprendre des prix en euros.

Mon évaluation:

Museo Guggenheim (Bilbao)

Lugares de España

De todos estos monumentos, soy el que está más al sur de España. ¿Quién soy?

La catedral (Santiago de Compostela)

La Alhambra (Granada)

El Alcázar (Segovia)

La Ciudad de las Artes (Valencia)

Las casas colgadas (Cuenca)

La Sagrada familia (Barcelona)

4 Lo que me gusta

MICRO-TÂCHES

- Exprimer ses goûts, ses préférences
- Parler des vacances à la mer et à la montagne
- Nommer les pièces de la maison
- Parler de la famille royale

TÂCHE

- J'explique à un camarade où je préfère passer mes vacances et je donne mes préférences : mer ou montagne.

OBJECTIFS LINGUISTIQUES

- Le verbe *gustar* : conjugaison et emplois
- Le verbe *encantar*
- Le participe passé
- Compter de 100 à 1000

Solución: La Alhambra.

Unité 1

La casa de Antonio Banderas

Antonio Banderas invita a cenar a media docena de periodistas en su casa de Marbella, un chalet con amplios jardines junto al mar. La casa contiene imágenes de toreros pero ha sido[1] decorada por una americana. Antonio reconoce que a él los toros[2] no le gustan. La casa de Marbella es la segunda residencia de los Banderas. La primera está en Los Ángeles. Allí[3] tiene dos grabados[4] de Picasso, un aguafuerte[5] de Goya y dos de Tàpies. Le gustan las obras de arte.

Por José Bejarano,
Magazine de la Vanguardia,
20 de noviembre de 2005.

---

1. *elle a été* 2. *(ici) la corrida*
3. *là-bas* 4. *gravures*
5. *une eau-forte*

1 Comprender...

1. Di en qué ciudades están las dos casas de Antonio Banderas.
2. En España, ¿dónde está situada la casa?
   - a En la montaña.
   - b En el campo.
   - c En la costa.
3. A Antonio le gustan las obras de arte. Apunta la frase que lo muestra.
4. A Antonio le gustan los toros. ¿Sí o no?

Decir 2

1. ¿Cuántos dormitorios hay en esta casa?
2. ¿Cuántos baños hay?
3. Explica por qué es agradable el dormitorio principal.
4. En esta casa hay un elemento insólito. Di cuál es.
   → A mí me sorprende esta casa porque...
5. Este anuncio se publicó en la revista *El País* el 18 de diciembre.
   ¿Cómo entiendes la frase: «También en estas fechas, tenemos la casa ideal para cada familia»?

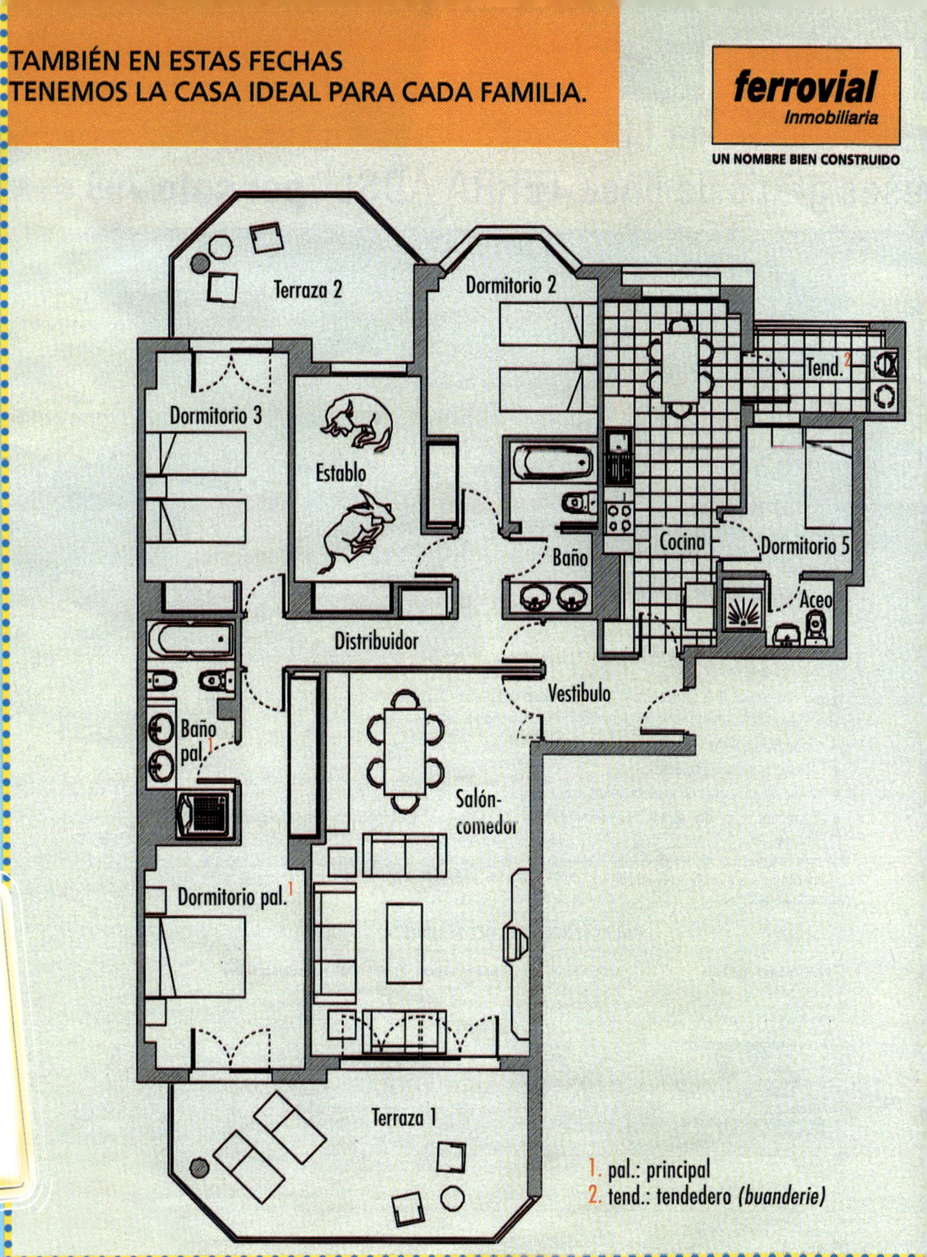

Dilo bien

- dar a: *donner sur*
- la tumbona: *la chaise longue*
- el buey: *le bœuf*
- el burro: *l'âne*
- el nacimiento: *la naissance*
- Jesús: *Jésus*
- el belén: *la crèche*

Escuchar 3

Escucha el CD y completa.

EN EL SALÓN

En el salón hay ...... mesas, ... sofás blancos y un ...... de cola con partitura de música de ...... y canciones de .... Todo es grande, desmesuradamente grande.

Por José Bejarano, *Magazine de la Vanguardia*, 20 de noviembre de 2005.

Ejercicios

Escribe 3 frases completas con el verbo gustar.

1. Banderas – gustar – Marbella.
2. El actor – gustar – Picasso.
3. Antonio – gustar – la música.

Fíjate bien

Le verbe *gustar*

me gusta	nos gusta
te gusta	os gusta
le gusta	les gusta

- Me gusta el mar.
- Me gustan los toros.

Le participe passé

invitar → invitado
comer → comido
vivir → vivido

Le participe passé s'accorde en genre et en nombre :

decorar → decorado, a

- Una casa decorada.
- La casa está situada en la Costa del Sol.

Unité 2

Me encanta esta foto

Mónica dice:
05 de Octubre de 2006 a las 9:34 am
Hola, me encanta esta foto. Saludos.

Daniel dice:
05 de Octubre de 2006 a las 10:21 am
Esta foto, sí, me gusta mucho, muy buena…

Ana dice:
05 de Octubre de 2006 a las 4:43 pm
Buenísimo el momento capturado… esos momentos en el agua… a mí personalmente me encanta bañarme en el mar.

Sebastián dice:
05 de Octubre de 2006 a las 9:13 pm
¡Qué ganas de ir al mar!!

www.arte-redes.com

1 Decir…

1. Di cuál es el punto común entre los usuarios de este blog.
   → A todos les…
2. ¿Qué les gusta también a todos?

Escuchar 2

Escucha el CD y completa.

ENTREVISTA A GABRIELA VERGARA
(actriz venezolana)

1. A Gabriela no le gusta el deporte.
   Verdad | Mentira
2. ¿Cuál es su color favorito?
   Rojo | Azul | Verde | Amarillo
3. Di cuál de estas frases es correcta.
   a A Gabriela le gusta el mar pero no le gusta la montaña.
   b A Gabriela le gusta la montaña pero no le gusta el mar.
   c A Gabriela le gustan los dos, el mar y la montaña.
4. A Gabriela le interesa leer. ¿Sí o no?

www.calibuenanota.com

3 Escribir

Escribe tú también una frase a propósito de esta foto.

Fíjate bien

Un participe passé irrégulier

cubrir → **cubierto**

Infojardín ¡Mi jardín está cubierto de nieve!

31/10/05, 19:19
Ubicación: Sierra de Madrid

Juana
Estamos a 31 de octubre y mi jardín está cubierto de nieve. Me encanta la nieve.

31/10/05, 20:21
Ubicación: Tarragona

Martín
A mí también me gusta la nieve, quizá porque aquí no nieva... Un paisaje nevado me parece tan romántico...

31/10/2005, 22:37
Ubicación: Guatemala

Tomás
¡Qué envidia me da!, ¿alguien puede poner fotos de un jardín nevado?, es algo que no se ve aquí...
Gracias.

www.infojardin.com

4 Comprender

1. ¿Dónde vive Juana?
2. ¿Qué le encanta?
3. ¿Dónde vive Martín?
4. ¿Por qué le gustan los paisajes nevados?
5. Explica por qué le da envidia a Tomás un jardín nevado.

5 Actuar

Par groupes de deux.

Interroga a tu compañero para conocer sus gustos. ¿Mar o montaña?

Dilo bien

- esquiar
- la nieve
- el frío: *le froid*
- nevar (ie): *neiger*
- tomar el sol
- jugar (ue): *jouer*
- descansar: *se reposer*
- el calor: *la chaleur*
- hace calor ≠ hace frío

6 Escribir

Escribe una frase en un blog para decir lo que prefieres, mar o montaña y una frase para explicar por qué.

Ejercicios

Transforma las frases.

Me encanta el mar. (mi padre)
▸ A mi padre le encanta el mar.

1. Me gusta esquiar. (mi hermano)
▸ ....

2. Me gustan las playas del Mediterráneo. (mi hermana)
▸ ....

3. Te encantan los paisajes nevados. (tu amigo)
▸ ....

Unité 3

Las vacaciones de la Familia Real

La residencia de verano de los Reyes es el Palacio de Marivent, en Palma de Mallorca. La familia real, cada año, pasa allí sus vacaciones.
Al Rey y al Príncipe les gusta participar en las regatas que se llevan a cabo en julio.

Dilo bien

- el abuelo: *le grand-père*
- la abuela: *la grand-mère*
- el padre, la madre
- el hijo, la hija
- el nieto: *le petit-fils*
- la nieta: *la petite-fille*

El árbol genealógico de la Familia Real

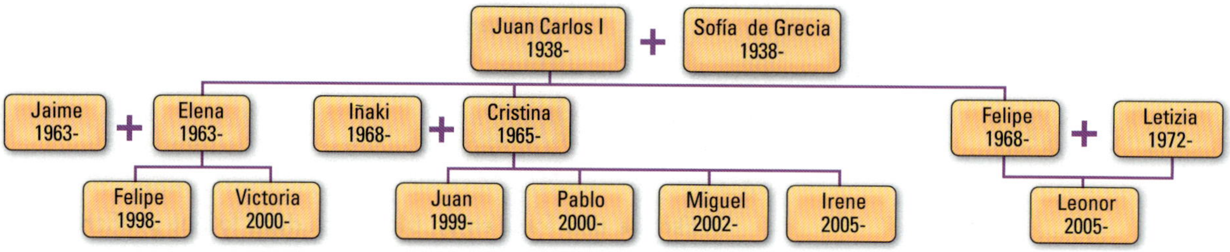

Los gustos de la Familia Real

El Rey Don Juan Carlos
Asiduo practicante de varios deportes, sobre todo el esquí y la vela.

La Reina Doña Sofía
Le gusta la vela.

El Príncipe de Asturias
Aficionado al deporte en general, le encantan el esquí y la vela.

La Infanta Doña Elena
Es una gran aficionada a la equitación, y a los deportes de nieve.

La Infanta Doña Cristina
Aunque practica varios deportes, como el esquí, su principal afición es la vela.

www.casareal.es

1 Actuar

Después de leer atentamente los dos textos y mirar el árbol, tu compañero te hace preguntas sobre la familia real. Después, a ti te toca hacerle preguntas.

Dilo bien

- veranear: *passer ses vacances d'été*
- la afición (a): *le goût, la passion (de)*
- estar aficionado a: *aimer, être passionné par...*
- un aficionado (a): *un amateur (de)*

2 Escuchar

Escucha el CD y di lo que les gusta a los Reyes.

la mora

la cereza

la frambuesa

el albaricoque

LO QUE PREFIEREN EN PALACIO

Don Juan Carlos está loco por los .... Lo que le encanta al Rey en la mesa es comer esta .... Doña Sofía prefiere las ......, su fruta preferida. Le gustan también ...... y moras.

Magazine de *El Mundo*, 15 de mayo de 2005.

Una familia muy golosa

En la pastelería Embassy de Madrid, saben bien que los Reyes son uno de sus mejores clientes. En especial les gusta cualquier dulce elaborado con cacao.

Don Juan Carlos prefiere una tarta de chocolate, mientras que a Doña Sofía le encantan las pastas de té y los pasteles con frambuesa.

Magazine de El Mundo, 15 de mayo de 2005.

Comprender 3

1. Al Rey le gustan las pastas de té.

Verdad | Mentira

2. A Doña Sofía le gustan los pasteles con frambuesa.

Verdad | Mentira

3. A los dos les gustan los pasteles con cacao.

Verdad | Mentira

Ejercicios

Traduce estos versos de una canción de Manu Chao.

Me gustan los aviones, me gustas tú.
Me gusta viajar, me gustas tú.
[...]
Me gusta el mar, me gustas tú.

Manu Chao, *Me gustas tú*.

Fíjate bien

Gustar

(A mí) me gusta(n)
(A ti) te gusta(n)
(A él, ella, usted) le gusta(n)
(A nosotros) nos gusta(n)
(A vosotros) os gusta(n)
(A ellos, ellas, ustedes) les gusta(n)

- A los Reyes les encanta comer fruta.
- A los Reyes les gustan los dulces.

Vamos a ver

Le verbe « gustar »

me gusta	a mí me gusta
te gusta	a ti te gusta
le gusta	a él, ella, usted le gusta
nos gusta	a nosotros nos gusta
os gusta	a vosotros os gusta
les gusta	a ellos, ellas, ustedes les gusta

- Me gusta el mar.
- Me gustan los juegos en la playa.

- A Felipe le gusta el esquí.
- A los Reyes les gusta el esquí.

- A Felipe le gustan los deportes.
- A los Reyes les gustan los deportes.

Remarque :
Sur ce modèle, on conjugue les verbes comme :
- **encantar** → me encanta → a mi hermano le encanta;
- **apasionar** → me apasiona → a él le apasiona;
- **extrañar** → me extraña → a mí me extraña.

Écris cinq phrases avec gustar.

Las vacaciones que preferimos en mi familia

1. Mi padre: la montaña.
2. Mis hermanos: el mar.
3. Mi hermana: los paseos por el campo.
4. Yo: la ciudad.
5. Y mis perros: correr por el bosque.

Le participe passé

1. Les verbes réguliers

cantar → cantado
comer → comido
vivir → vivido

- El hombre **sentado** en el banco.
- La mujer **sentada** en el banco.
- Los hombres están **sentados**.
- Las mujeres están **sentadas**.

2. Les verbes irréguliers

abrir	→ **abierto**	romper	→ **roto**
cubrir	→ **cubierto**	resolver	→ **resuelto**
decir	→ **dicho**	ver	→ **visto**
escribir	→ **escrito**	volver	→ **vuelto**
hacer	→ **hecho**		
morir	→ **muerto**		
poner	→ **puesto**		

Compter de 100 à 1000

100	cien, ciento
101	ciento uno
102	ciento dos

200	doscientos	600	seiscientos
300	trescientos	700	**setecientos**
400	cuatrocientos	800	ochocientos
500	**quinientos**	900	**novecientos**

1000 mil

Remarque :
On ne met « y » qu'entre les dizaines et les unités.

44	cuarenta y cuatro
444	cuatrocientos cuarenta y cuatro
1444	mil cuatrocientos cuarenta y cuatro

Juegos

1. ¿Quiénes son?

➜ **Lee atentamente el texto y da el nombre de cada uno de los cinco amigos.**

A Juan le gusta tomar el sol. No le gusta el azul.
A Pedro le gusta también tomar el sol. Le encantan las sandías.
A Daniel no le gusta estar en la playa sin hacer nada.
A Pili no le gusta mucho el sol.
A Andrea le gusta tomar el sol durante horas.

2. Vacaciones

➜ **Busca 6 palabras relacionadas con las vacaciones.**

3. Trabalenguas

➜ **Escucha y pronuncia bien.**

El trío tiene frío, en el río.

ÉVALUATION

1. Andrea

35

Écoute le CD et complète le texte.

Andrea

A Andrea ...... Mickey Mouse, es adicta a la Coca-cola y nunca ...... la siesta. Andrea lee mucho. .... Andrea me ha dicho en el parque: «Creo que quiero más a mi ...... Frida que a mi madre.»

Según Jaime Bayly,
Y de repente, un ángel, 2005.

- **J'évalue ma capacité à** comprendre un message oral sur les goûts d'une personne.
- **Je devrais pouvoir** retrouver les emplois et la construction du verbe *gustar*.

Mon évaluation:

2. ¿Le gusta a Gaturro?

Décris ce dessin à voix haute et utilise le verbe *gustar*.

- **J'évalue ma capacité à** résumer une bande dessinée.
- **Je devrais pouvoir** utiliser le verbe *gustar*.

Mon évaluation:

3. Ir a Cataluña

Montañas encantadas

Cazadores convertidos en piedra. Esto es lo que son, según una leyenda, unas montañas que existen en Catalunya: Els Encantats. Quizá la mejor excusa para mirar eternamente un paisaje, el de los Pirineus de Lleida, que no deja indiferente. Lagos que son espejos. Árboles que son guardianes. Pueblos románicos. Espacios para disfrutarlos a pie, a caballo, o en bicicleta. Descubre otra forma de mirar en Catalunya, y crea tu propia leyenda.

Ara LLEIDA
www.lleidatur.com

Playas pintadas

Las llaman playas, pero son obras de arte. Playas de arena fina, grandes o pequeñas, con pinos o con rocas, playas que han inspirado a los artistas y que hoy están en los museos. Porque en Catalunya el mar te lo encuentras aunque no lo busques. Y si te lo encuentras a lo largo de los más de 200 kilómetros de Costa Brava, reconocerás además los paisajes que dieron vida a los sueños de Dalí, que le descubrieron otra forma de mirar. ¿No te apetece compartirla?

Costa Brava Pirineu de Girona
www.costabrava.org
CATALUNYA
www.catalunyaturisme.com
Generalitat de Catalunya

TÂCHE

Explique à un camarade ce que tu préfères, mer ou montagne. Dis lequel de ces deux aspects de la Catalogne te plaît le plus.

- **J'évalue ma capacité à** exprimer mes goûts.
- **Je devrais pouvoir** utiliser correctement le verbe *gustar*.

Mon évaluation :

Algunas fiestas

Para participar, hay que correr muy rápido porque puede ser peligroso. ¿Cuál de estas fiestas soy?

Semana Santa (Salamanca)

San Fermín (Pamplona)

Fallas (Valencia)

Fiesta del Libro y la Rosa por San Jordi (Barcelona)

Feria (Sevilla)

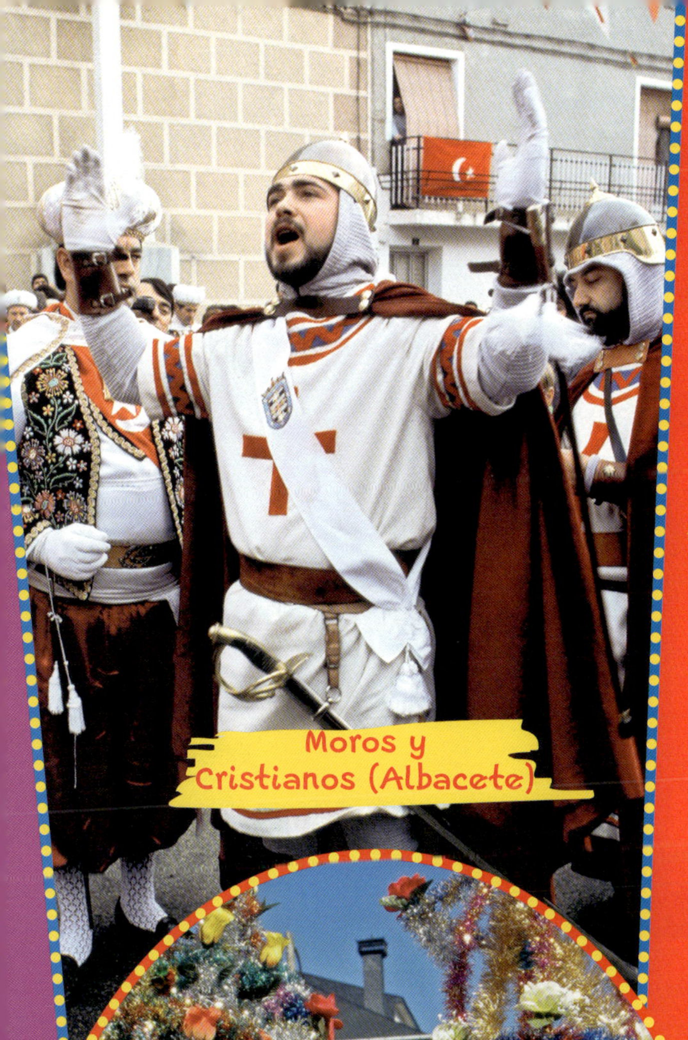

Moros y Cristianos (Albacete)

Carnavales (Tarragona)

5

¿Qué estás haciendo?

MICRO-TÂCHES

- **Parler de ce que je suis en train de faire**
- **Décrire une scène ou une action**
- **Avoir une conversation téléphonique**
- **Parler des fêtes de Noël**
- **Comparer le climat entre les pays d'Amérique du Sud et l'Espagne à une même date**
- **Écrire une lettre**

TÂCHE

- **J'écris une lettre aux Rois mages pour demander un cadeau.**

OBJECTIFS LINGUISTIQUES

- **Le gérondif**
- **La forme progressive**
- **Les pronoms personnels**
- **Les formules usuelles au téléphone**
- **Un équivalent de « on »**
- **Le vocabulaire de la correspondance**
- **Le lexique des saisons et des mois de l'année**
- **Le lexique du climat et de la météo**

Solución: San Fermín.

Chapitre 5

Unité 1

¿Dónde están los niños?

Abuela – Hola, hijo. ¿Donde están los pequeñines[1]?

Manolo – En su cuarto; seguramente estudiando.

Abuela – ¿Con ese ruido?

Manolo – ¡¡¡Manolito!!! ¡¡¡Mary Carmen!!!

Abuelo – ¿Como van a oír algo con la música a toda pastilla[2]?

Manolo – Dicen que así se concentran mejor para estudiar...

Abuela – ¡Qué horror! Estos niños llevan muy mal camino[3].

Abuelo – ... En mis tiempos...

Stella Manaut,
Dos piezas de teatro breve, 2002.

1. *les petits* 2. *à fond* 3. *(ici) tournent mal*

1 Comprender

1. **Di dónde pasa la escena.**
   - **a** **En casa de la abuela.**
   - **b** **En casa de Manolo.**
2. **¿Dónde están los nietos de la abuela? ¿Qué están haciendo? Apunta la frase que lo muestra.**
3. **¿Cómo se llaman los dos nietos?**
4. **Explica por qué dice la abuela: «¡Qué horror!».**

Fíjate bien

Le gérondif

hablar → hablando
comer → comiendo
vivir → viviendo

Il permet de répondre à la question « comment ? »

- ¿Cómo se concentran los chicos? **Escuchando** música a toda pastilla.

La forme progressive

Estar + *gérondif* = *être en train de...*

- Los niños **están estudiando**.

Quelques gérondifs irréguliers

leer → leyendo
dormir → durmiendo
decir → diciendo

2 Decir...

Describe este dibujo utilizando verbos en gerundio (leer, volar, imaginar, hablar, decir, pensar...).

Dilo bien

- el poder: *le pouvoir*
- la imaginación: *l'imagination*
- un mundo de fantasía: *un monde imaginaire*

3 Escribir

Mira el anuncio para la revista *Muy Interesante Junior* y contesta las preguntas utilizando gerundios.

1. ¿Cómo pueden divertirse los lectores? (descubrir el mundo)
2. ¿Cómo puede saber el lector cosas curiosas sobre animales? (leer la revista)
3. ¿Cómo pueden saber los chicos cosas divertidas? (comprar la revista)

Ejercicios

Traduce.

1. Diviértete descubriendo el mundo.
2. Los chicos están oyendo música a toda pastilla.
3. Enriqueta está pensando en cosas maravillosas y está volando como Peter Pan.

Unité 2

¡Qué vecina más pesada!

Por la mañana.

Las siete de la mañana. Alguien llama por teléfono. Contesto pero no responden. Lo dejo descolgado[1] y justo en ese instante la vecina del séptimo sube la televisión a toda pastilla. Cada mañana hace lo mismo. No le importa fastidiar[2] a todo el vecindario[3]. Algunas veces se pone unos zapatos de tacón[4] y se pasa una hora dando vueltas[5] por todo el piso.
No hay forma de continuar durmiendo, así que salto de la cama y voy directo a la ducha.

Javier Tomeo, *El cantante de boleros*, 2005.

1. *je le laisse décroché* 2. *(ici) embêter* 3. *le voisinage* 4. *chaussures à talons* 5. dar vueltas: *tourner*

De memoria 36

Llamar **por** teléfono.
Cada mañana hace **lo mismo**.

1 Comprender...

	Sí	No
1. Al narrador, le gusta despertar a las siete.		
2. Empieza el día hablando por teléfono con un amigo.		
3. La vecina está viendo la televisión.		
4. La vecina se pasa la mañana andando por su apartamento.		
5. El narrador sigue durmiendo hasta las doce.		

Fíjate bien

Seguir + gérondif

On peut indiquer la continuité d'une action en employant le verbe seguir + *gérondif.*
C'est aussi l'équivalent de «continuer à».

- El hombre no puede **seguir durmiendo** porque la vecina hace demasiado ruido.
L'homme ne peut plus dormir parce que la voisine fait trop de bruit.

Un équivalent de «on»

La troisième personne du pluriel est un équivalent de «on». Il correspond à «quelqu'un, les gens».

- Dicen. *On dit.*

2 Escuchar

Escucha el CD y completa.

ME QUEDO EN CASA

Los días son mucho mejores cuando no suena el teléfono, no me reúno con nadie y me quedo en casa, en silencio; …… algo o, casi mejor, no …… nada.

Jaime Bayly, *Y de repente, un ángel*, 2005.

Llamar por teléfono

¿Diga? ¿Dígame? *Allô ?*
Hola, soy… / Buenos días, soy…
Te llamo porque…
¿Puede ponerse José?
Pouvez-vous me passer José ?
Hasta pronto. *À bientôt.*
Adiós.

TODOS EN LÍNEA

3 Decir…

Describe este cómic en voz alta. Di lo que están haciendo los alumnos. Explica lo que se le ocurre al profesor para interrogar a un alumno.

Dilo bien

- ponerse furioso: *être furieux*
- se le ocurre…: *il a l'idée de….*
- salir a la pizarra: *venir au tableau*

De memoria

No puedo hablar contigo ahora.
Ya te llamaré. *Je te rappelle.*

Ejercicios

Traduce.

1. ¿Diga? ¡Hola! Sí. Sí. ¡Pero no puedo hablar contigo ahora!
2. No te oigo: ¡están todos hablando a la vez que yo!
3. Esto me recuerda que tengo que llamar a Sandra.

Fíjate bien

Au gérondif, il faut faire l'enclise du pronom complément.

- El profesor está llamando **al alumno** por teléfono.

→ El profesor está llamándo**lo**.

Unité 3

¿Quiénes son los Reyes?

Carlos tiene casi 9 años y se acerca a su madre con curiosidad.
– Mamá, ¿quiénes son los Reyes?
Pilar, extrañada[1], responde:
– Ya lo sabes, Don Juan Carlos y Doña Sofía.
Pero Carlos no está contento con la respuesta:
– No, mamá, digo que quiénes son los Reyes Magos.
– Pues ya sabes..., Melchor, Gaspar y Baltasar.
– No, mamá, los Reyes son los padres, me lo ha dicho mi amigo Alonso[2].

Magazine El Mundo,
12 de diciembre de 2004.

1. *étonnée*
2. *c'est mon ami Alonso qui me l'a dit*

1 Comprender...

1. **Apunta la pregunta que le hace el niño a su madre.**
2. **Apunta la contestación de la madre.**
3. **Explica por qué no está contento el niño.**
4. **¿De qué acaba de enterarse el niño?**

Carta al Rey Melchor

Querido Rey Melchor:

Me llamo Paco, tengo 6 años, y vivo en Valencia.
Este año he sido muy, pero que muy bueno porque me he portado muy bien en casa.
Quiero:
un avión, una espada láser y un patinete.
Me puedes dejar los regalos junto[1] al árbol de Navidad que está en el comedor. Para ti y para los camellos[2] voy a dejar galletas y leche.

Un beso muy fuerte,

Paco

1. junto a: à côté de
2. les chameaux

Respuesta del Rey Melchor

Querido Paco:

Soy el Rey Melchor. Acabo de recibir tu carta con tus deseos[1]. En estas fechas se nos acumula el trabajo, tenemos que repartir[2] muchos regalos, por eso no te podemos prometer nada, aunque vamos a hacer lo posible.

Te deseo unas Navidades muy felices y espero que pases[3] la noche del día 5 con mucha ilusión esperando tus regalos en el árbol de Navidad.

Muchas gracias por dejarnos galletas y leche. Así vamos a reponer fuerzas[4] y repartir todos los juguetes a todos los niños del mundo.

Un saludo mágico,

Melchor

1. tes souhaits 2. distribuer
3. j'espère que tu passeras
4. reprendre des forces

http://mujer.terra.es/muj/navidad/carta/carta.htm

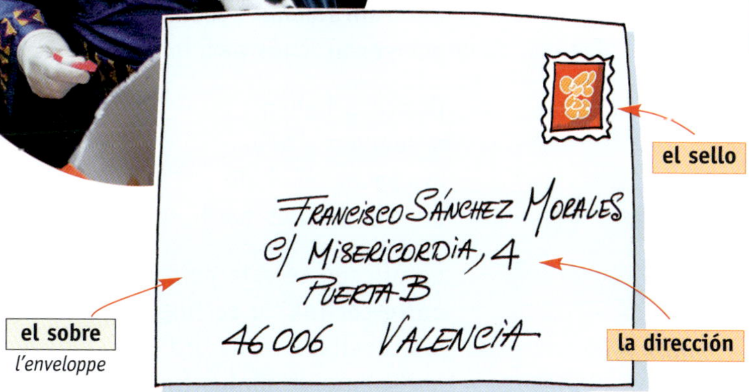

A los 6 años los niños empiezan a descubrir que los reyes son los papás

Navegando por Internet

una página web
un sitio: *un site*
entrar en la dirección: *aller à l'adresse*
conectarse: *se connecter*
hacer clic (en): *cliquer (sur)*
descargar: *télécharger*
pulsar un botón: *appuyer sur un bouton*

2 Comprender

1. **Apunta los detalles que muestran que Paco es un niño de seis años.**
2. **Estas dos cartas te dan elementos sobre la tradición de los Reyes Magos en España. Di cuáles son.**

3 Escribir

1. **Puedes escribir una carta a los reyes y recibir una carta de los reyes en la dirección siguiente: http://mujer.terra.es/muj/navidad/carta/carta.htm**

2. **A partir de las diferentes cartas de esta unidad, imagina la carta de un niño o de una niña a los Reyes Magos (5 líneas).**

4 Actuar

Par groupes de deux.

Le explicas a tu compañero en qué son diferentes las fiestas de Navidad para los niños franceses y los niños españoles.

Chapitre 5

Unité 4

Escribir 1

Recopie le couplet en ajoutant le verbe «*estar*» qui est sous-entendu trois fois.

«La Virgen está lavando
y tendiendo en el romero,
los angelitos cantando,
y el romero floreciendo.»

Fíjate bien

Ir + gérondif

Cette forme indique une action en train de se dérouler progressivement.

- La Virgen **va** camin**ando**.
La Sainte Vierge est en train de marcher.

LOS PECES EN EL RÍO

39

La Virgen está lavando
y tendiendo[1] en el romero[2],
los pajarillos[3] cantando,
y el romero floreciendo.

Estribillo:

Pero mira cómo beben
los peces[4] en el río,
pero mira cómo beben
por ver al Dios nacido.

Beben y beben
y vuelven a beber,
los peces en el río
por ver a Dios nacer.

La Virgen se está peinando
entre cortina[5] y cortina
los cabellos son de oro
y el peine de plata[6] fina.

Estribillo

La Virgen va caminando
va caminando solita,
y no lleva más compañía
que el niño de la manita[7].

Villancico tradicional.

1. tender (ie): *étendre (du linge)*
2. *le romarin* 3. *les petits oiseaux*
4. *les poissons* 5. *rideau*
6. *le peigne d'argent* 7. *par la main*

Navidad, Navidad

Navidad, Navidad,
hoy es Navidad
con campanas[1] este día
hay que festejar[2].

Navidad, Navidad
porque ya nació[3]
ayer noche, Nochebuena,
el niñito Dios.

Pastores[4] que a Belén[5]
queréis pronto llegar,
seguid aquella estrella
que allí os guiará[6].

Llegando le veréis
dormido en su pajar
con su dulce sonrisa.

Estribillo

Incienso y mirra[7]
turrón y mazapán
para alegrar al niño
nacido en el portal[8].

Villancico tradicional.
Ce villancico se chante sur l'air de « Vive le vent! ».

1. *cloches* 2. *fêter, célébrer* 3. *est né* 4. *bergers* 5. *Bethléem* 6. *qui vous guidera là-bas* 7. *encens et myrrhe* 8. el portal de Belén: *la crèche*

Decir 2

Describe este cartel publicado en el mes de julio.

Dilo bien

- el papá noel
- el sorteo: *le tirage (à la loterie)*
- caer: *tomber*
- gordo, a: *gros*
- el gordo: *le gros lot*
- me cae el gordo: *je gagne le gros lot*

Lima

Fecha: 5 de enero
Temperatura máxima: 30°
Tiempo de hoy: sol

Playa en Chile.

El 5 de enero en Lima (Perú) y en Madrid

Madrid

Fecha: 5 de enero
Temperatura máxima: 0°
Tiempo de hoy: nieve

Decir 1

Describe las fotos y compara el tiempo en las dos ciudades.

Calendario

Comienza el año en enero,
febrero es chiquitín,
marzo, el ventoso, le sigue,
ya no hace frío en abril.

En mayo todo florece,
junio es amigo del sol,
en julio cortan las mieses[1],
agosto ¡cuánto calor!

Septiembre, lleno de frutas,
en octubre, siembran ya[2],
nieve en los altos[3], noviembre,
diciembre, el año se va...

Isabel Tobalina.

1. *les moissons*
2. *on sème déjà*
3. *les sommets, les hauteurs*

2 Actuar

Par groupes de deux.

Dile a tu amigo qué mes del año te gusta más. Explícale por qué.

Decir 3

1. **Quieres visitar Madrid. Di en qué momento te parece mejor. ¿En agosto o en diciembre?**
2. **Quieres visitar Andalucía. Di en qué momento te parece mejor. Explica por qué.**

1

Salen los niños alegres
de la escuela,
poniendo en el aire tibio[1]
del abril canciones tiernas[2]...

Federico García Lorca.

2

Es mediodía. Un parque.
Invierno. Blancas sendas[3];
simétricos montículos
y ramas[4] esqueléticas...

Antonio Machado.

3

Es una hermosa noche de verano.
Tienen las altas casas
abiertos los balcones
del viejo pueblo a la anchurosa plaza[5]...

Antonio Machado.

4

Por un camino de oro van
los mirlos[6]...
¿Adónde?
Por un camino de oro van
las rosas...
¿Adónde?
Por un camino de oro voy...
¿Adónde,
otoño? ¿Adónde, pájaros y
flores?

Juan Ramón Jiménez.

4 Comprender

Lee estos versos y di a qué estación del año corresponde cada poema. ¿Otoño, invierno, primavera o verano?

1. *tiède* 2. *tendres*
3. *sentiers* 4. *branches*
5. *la vaste place* 6. *les merles*

Vamos a ver

Le gérondif

1. Les gérondifs réguliers

hablar → hablando
comer → comiendo
vivir → viviendo

2. Les gérondifs irréguliers

poder → pudiendo
venir → viniendo
dormir → durmiendo
pedir → pidiendo
sentir → sintiendo

Attention :
leer → leyendo
ir → yendo
reír → riendo

3. L'enclise

Au gérondif, il faut faire l'enclise du pronom personnel complément.

- El profesor está llamando **al alumno** por teléfono. → El profesor está llamándo**lo.**

4. L'utilisation du gérondif

a. Il permet de répondre à la question *¿cómo?*

- ¿Cómo te pasas el tiempo? Leyendo.
- ¿Cómo se pasa el tiempo tu hermana? Mi hermana se pasa el tiempo viendo la televisión.

b. La forme progressive

Estar + *gérondif = être en train de...*

- El niño está jugando.

Les pronoms personnels

Sujet	Complément	Réfléchi
yo	me	me
tú	te	te
él, ella, usted	lo, la, le	se
nosotros, as	nos	nos
vosotros, as	os	os
ellos, ellas, ustedes	los, las, les	se

- El profesor me explica la lección.
- El profesor le explica la lección.
- El alumno lo sabe.

Attention ! Pour insister :
- A mí, me dan dinero.
- A ti, te dan dinero.

1. Escribe en plural.

1. Estoy leyendo un libro de piratas.
2. Estás viendo la televisión.
3. La niña está divirtiéndose.

2. Imita el modelo.

Lo hago. → Estoy haciéndolo.

1. Lo dices.
2. El profesor lo explica.
3. Lo estudiamos.
4. Los niños lo leen en un libro.

Juegos

1. Mirando con lupa

➜ Una de las viñetas pequeñas tiene una diferencia con respecto al dibujo original. Busca, compara y encuéntrala.

2. Vaya enredo

➜ Cristina y Héctor quieren encender las luces del árbol de Navidad, pero no saben qué enchufe conectar. Ayúdales tú, desenredando los cables.

3. Ordenando las cosas

➜ Busca tres palabras festivas.

ÉVALUATION

1. Imaginando

Sur cette affiche, le Ministère de la Culture du Mexique veut insister sur le pouvoir de la lecture. Décris cette affiche à voix haute. Utilise les verbes suivants au gérondif : *volar, viajar, imaginar, pintar, leer, crear.*

- **J'évalue ma capacité à** décrire une action, une scène.
- **Je devrais pouvoir** utiliser la forme progressive.

Mon évaluation :

2. Escribiendo a los Reyes Magos

Nombre	Regalos

Nombre	Regalos

Nombre	Regalos

Nombre	Regalos

TÂCHE 41

1. Écoute le CD et complète.
2 Rédige une courte lettre aux Rois mages pour demander un cadeau.

◆ **J'évalue ma capacité à** comprendre une courte lettre lue à haute voix.

◆ **Je devrais pouvoir** reconnaître les prénoms et le lexique en lien avec les cadeaux.

Mon évaluation:

3. Sorteo de Navidad

Décris brièvement cette affiche en deux ou trois phrases.

Dilo bien

- las bolas: *les boules*
- el sorteo: *le tirage*
- soplar: *souffler*
- el número: *le numéro*

◆ **J'évalue ma capacité à** décrire une action, une scène.

◆ **Je devrais pouvoir** utiliser la forme progressive.

Mon évaluation:

Carnaval (República Dominicana)

Fiesta de Pascua (Perú)

Fiestas americanas

Una de estas fiestas se celebra en América del Norte. Di cuál es.

Día de los muertos (México)

Fiesta del fuego (Cuba)

Día de los locos (Venezuela)

Carnaval (Panamá)

Semana Santa (Guatemala)

6

¡Que lo pases bien!

MICRO-TÂCHES

- **Rédiger une carte d'anniversaire**
- **Exprimer un souhait, une envie, un sentiment**
- **Donner un ordre**
- **Décoder quelques messages du « langage de l'éventail »**

TÂCHE

- **Je fais un cadeau à un ami et formule des vœux de bonheur.**

OBJECTIFS LINGUISTIQUES

- **Le subjonctif présent**
- **L'ordre direct et l'ordre indirect**
- **L'impératif**
- **La défense**

Solución: El día de los muertos en México. México es un país de América del Norte.

Unité 1

Hablando por teléfono

Suena el teléfono.

Carmen – ¿Diga? ¿Quién es?
Manolo – Soy yo…
Carmen – ¡Ah…! ¡Tú! ¿Qué quieres?
Manolo – Quiero que nos veamos…
Carmen – ¡Estás loco! Todo se ha acabado[1] entre los dos.
Manolo – ¡No cuelgues[2], por favor! Te estoy hablando muy en serio.
Carmen – ¿Qué quieres que te diga?
Manolo – Te propongo una cosa.
Carmen – No me interesa.
Manolo – ¿Cómo sabes si te interesa o no?
Carmen – Nada que venga de ti puede interesarme.

Stella Manaut, *Dos piezas de teatro breve*, 2002.

1. *tout est fini* 2. colgar(ue): *raccrocher*

1 Comprender

1. **Carmen está enfadada con Manolo. Apunta dos frases que lo muestran.**
2. **Manolo insiste para ver a Carmen. Apunta dos frases que lo muestran.**

2 Escribir

Conjuga los verbos.

1. **Manolo espera que Carmen (aceptar) una entrevista.**
2. **Manolo quiere que se (ver) los dos.**
3. **Manolo no quiere que Carmen (colgar (ue)).**
4. **Manolo espera que Carmen le (decir) algo.**

3 Decir

Di lo que no acepta el marido.
El marido no acepta que la mujer...

4 Escuchar

Escucha el CD y completa.

PETICIÓN DE MANO

1. **El hombre quiere que la mujer...**
   a se case con él.
   b le diga cómo se llama.
2. **La mujer parece...**
   a encantada.
   b horrorizada.
3. **La mujer le propone al hombre...**
   a que hablen de otra cosa.
   b que vayan a la iglesia.
4. **Completa la última frase.**
   ¡Quiero que ...... mi mujer!

Amado Nervo, *El diamante de la inquietud.*

El cumpleaños de Carlos

Carlos, quiero que te lo pases bien en tu gran día. ¡Te deseo muchas felicidades!
Andrea

5 Decir

Te deseo un feliz cumpleaños y que tengas muchos regalos.
Jesús

Lee las tres tarjetas.

1. Di lo que espera Jesús.
2. Di lo que quiere Andrea.
3. Di lo que espera Mariana.

Hola Carlos, te deseo feliz cumple y que cumplas muchos más.
Mariana

6 Escribir

1. Carlos acaba de recibir este mensaje en su móvil. Escríbelo bien, sin las abreviaturas.
2. Ahora, redacta una breve carta para el cumpleaños de un amigo.

De memoria

¡Feliz cumpleaños!
¡Que lo pases bien!

7 Actuar

Par groupes de deux.

Es el cumpleaños de tu amigo. Le llamas por teléfono.

Canción

Cumpleaños feliz,
cumpleaños feliz,
te deseamos todos
cumpleaños feliz.

Fíjate bien

Le subjonctif présent

1. Verbes réguliers

Hablar	Comer	Vivir
hable	coma	viva
hables	comas	vivas
hable	coma	viva
hablemos	comamos	vivamos
habléis	comáis	viváis
hablen	coman	vivan

2. Le verbe «ser»

sea	seamos
seas	seáis
sea	sean

3. Verbes irréguliers

Le subjonctif présent se forme à partir de la 1re personne du singulier de l'indicatif.

Decir

IND.	SUBJ.
digo	diga
dices	digas
	diga
	digamos
	digáis
	digan

Unité 2

Comprender 1

Presentación (l. 1-4)

1. Perlimplín y Belisa son muy diferentes físicamente. Explica en qué.

2. Parece mentira que Belisa sea... Ya que...

Primera parte (l. 5-11)

3. Belisa no quiere a Perlimplín. Explica cómo se nota.

Segunda parte (l. 12-20)

4. Belisa no quiere que Perlimplín...

5. Tal vez la carta sea...

6 Quizás le escriba...

1. *visage* 2. *entraînée*

2 Decir

¿Qué le explica el caballero a la dama?

DAME ESA CARTA

Belisa y Perlimplín se casaron hace poco[1].

Personajes

Perlimplín: 50 años, rico, peluca[2] *blanca.*
Belisa: joven, muy hermosa.

Perlimplín (*cariñoso*[3]) – ¿Quieres que demos un paseo?
Belisa – No.
Perlimplín – ¿Quieres que vayamos a la confitería?
Belisa – ¡He dicho que no!
Perlimplín – Perdona.

(Una piedra con una carta arrollada[4] *cae por el balcón. Perlimplín la recoge*[5]*.)*

Belisa – ¡Dame!
Perlimplín – ¿Por qué?
Belisa – Porque eso es para mí.
Perlimplín – ¿Y quién te lo ha dicho?
Belisa – ¡¡Perlimplín!! ¡No la leas!
Perlimplín – ¿Qué quieres decir?
Belisa (*llorando*) – ¡Dame esa carta!

Federico García Lorca, *Amor de Don Perlimplín con Belisa en su jardín*, 1931.

1. *se sont mariés il y a peu* 2. *perruque* 3. *affectueux, amoureux* 4. *une pierre avec une lettre enroulée autour* 5. *la ramasse*

Fíjate bien

Quelques subjonctifs irréguliers

Dar	Ir	Estar
dé	vaya	esté
des	vayas	estés
dé	vaya	esté
demos	vayamos	estemos
deis	vayáis	estéis
den	vayan	estén

Saber: sepa

¡Cásate conmigo!

Ella – Llevo más de un año detrás de ti[1]. No te pones al teléfono, no quieres hablar conmigo, y cuando te encuentro haces como que no me conoces... ¡Cásate conmigo, por favor te lo pido! ¡Soy rica, guapa, culta, tengo una casa maravillosa, un perro...! ¡Todo te lo doy! ¡Todo!

Él – ¡Pero bueno...! No me quiero casar. Me gusta conducir trenes por el mundo y no quedarme en casa, tener niños y ver la televisión...

José Luis Alonso de Santos,
Cuadros de amor y humor, al fresco, 2001.

1. *Cela fait plus d'un an que je te cours après.*

3 Comprender...

1. **Ella parece muy enamorada. Busca detalles que lo muestran.**
2. **¿Qué quiere ella?**
3. **¿Por qué no quiere casarse él?**

Fíjate bien

L'impératif et la défense

habla → no hables
hable (usted) → no hable
hablad → no habléis
hablen → no hablen

On fait l'enclise à l'impératif, mais pas pour exprimer la défense.
cásate → no te cases

4 Escribir...

1. **Describe brevemente este dibujo.**
2. **Imagina un diálogo breve entre el hombre y la marioneta.**

Dilo bien

- una caja: *une boîte*
- una marioneta, un títere
- un sombrero de copa: *un chapeau haut-de-forme*
- un bigote: *une moustache*
- la camiseta: *le tee-shirt*
- a rayas: *à rayures*
- calvo: *chauve*
- bigotudo: *moustachu*
- mover (ue) la mano
- mover (ue) los dedos
- un collar
- regalar: *offrir*
- ofrecer
- quedarse: *rester*
- fugarse: *s'enfuir*
- volar (ue): *s'envoler*

Unité 3

Juegos que estimulen a los niños

Los juguetes, en España, se compran sobre todo para Reyes y Navidad.

María Costa, directora del departamento de pedagogía del Instituto Tecnológico del Juguete explica qué podemos buscar en los juguetes y cómo evitar que la carta a los Reyes Magos sea una mera lista de compra[1].

Buscar:

- Peluches que no correspondan a un personaje determinado, para estimular la imaginación del niño.
- Juegos que estimulen los sentidos, por ejemplo, con la música.
- Juegos artísticos con resultados agradables que puedan mostrar a los adultos.
- Juegos científicos que despierten la curiosidad y la necesidad de explorar.

Por Carmen Giró, *Magazine de La Vanguardia*,
11 de diciembre de 2005.

1. *une simple liste de courses*

1 Comprender...

1. Según María Costa, ¿qué es importante evitar en la carta a los Reyes Magos?
2. ¿Cuáles son los mejores juegos?

2 Decir...

1. Di a quién se dirige este anuncio.
2. Fijándote en el anuncio, ¿qué es importante en el momento de comprar pipas?

Dilo bien

- las pipas: *les graines de tournesol (salées ou grillées)*
- la bolsa de pipas: *le sachet de graines*

3 Escuchar

Escucha el CD y completa.

LOS JUGUETES

«Tenemos que incluir la sorpresa en la carta a los Reyes, juguetes que ...... a nuestros intereses para ......, y no sólo la parte más comercial que les engancha más a ellos.»

Por Carmen Giró, *Magazine de la Vanguardia*, 11 de diciembre de 2005.

Escribir 4

La madre le aconseja a su hijo que ...... para ponerse ....

5 Comprender

Lee atentamente las definiciones y di cuál corresponde a cada dibujo.

1. **¡Te quiero! La mujer esconde los ojos tras el abanico.**
2. **¡Bésame! Con el abanico medio abierto sobre la boca, significa que ella quiere que el hombre le dé un beso.**
3. **¡Olvídame! Ella sujeta el abanico con las dos manos juntas para que él sepa que ella ya no quiere verlo.**
4. **¡No me olvides! La mujer se pasa el abanico por la frente para que él no la olvide.**

Fíjate bien

Il faut faire l'enclise du pronom à l'impératif.
Olvídame.

On ne fait pas l'enclise avec la défense.
No me olvides.

Vamos a ver

Le subjonctif présent

1. Les verbes réguliers

Hablar	Comer	Vivir
hable	coma	viva
hables	comas	vivas
hable	coma	viva
hablemos	comamos	vivamos
habléis	comáis	viváis
hablen	coman	vivan

2. Les verbes à diphtongue

Querer (ie)	Contar (ue)
quiera	cuente
quieras	cuentes
quiera	cuente
queramos	contemos
queráis	contéis
quieran	cuenten

3. Les verbes irréguliers

Le subjonctif présent des verbes irréguliers se forme à partir de la 1re personne de l'indicatif présent.

Tener

IND.	SUBJ.
tengo	tenga
tienes	tengas
	tenga
	tengamos
	tengáis
	tengan

decir → diga
salir → salga
hacer → haga
conocer → conozca

4. Le verbe « Ser »

sea seas sea seamos seáis sean

La formation de l'impératif et de la défense

Indicatif présent	Impératif présent	Subjonctif	Défense
hablo		hable	
hablas	habla (tú)	hables	no hables
habla	hable (usted)	hable	no hable
hablamos	hablemos	hablemos	no hablemos
habláis	hablad (vosotros)	habléis	no habléis
hablan	hablen (ustedes)	hablen	no hablen

L'impératif régulier

2e PERS. SING.	2e PERS. PLURIEL
tú	**vosotros**
habla	hablad
come	comed
vive	vivid

L'enclise

À l'impératif, comme à l'infinitif et au gérondif, on fait l'enclise du pronom.

Lo explicas. → ¡Explica! → ¡Explíca**lo**!

Lo lees. → ¡Lee! → ¡Lée**lo**!

Juegos

1. La tele engaña

→ **Este televisor emite las imágenes un poco cambiadas. Busca siete diferencias con respecto al original.**

2. Trabalenguas

La locura del amor

El amor es una locura,
que ni el cura lo cura,
que si el cura lo cura,
es una locura del cura.

la locura: *la folie* curar: *guérir*
el cura: *le curé*

→ **Escucha y pronuncia bien.**

3. ¿Quién es Diego?

Diego, Ramón y Andoni son tres amigos. A los tres les encanta el deporte. Teniendo en cuenta que el patinador es el más bajo de los tres, que Ramón no sabe esquiar y que Andoni es el más alto...

→ **¿Cuál de los tres es Diego?**

ÉVALUATION

1. ¡Que no se ensucie!

Explique brièvement (en 2 ou 3 phrases) ce qu'il se passe dans ce dessin.

Dilo bien

- la carroza: *le carrosse*
- la capa: *la cape*
- el charco: *la flaque*
- el agujero: *le trou*
- el lodo: *la boue*
- bajarse de: *descendre de*
- mancharse: *se tacher*
- ensuciarse: *se salir*
- caerse: *tomber*

♦ **J'évalue ma capacité à** décrire une scène.

♦ **Je devrais pouvoir utiliser** le subjonctif présent après «*para que*».

Mon évaluation:

2. Mi regalo de Navidad para ti

Te regalo la luna
para que .... tus pasos aventureros.

Te regalo el sol
para que .... tibia tu piel.

Te regalo la música
para que nunca .... de bailar.

Te regalo el mundo
para que lo .... conquistar.

Rossy Pérez.

47

TÂCHE

1. Écoute le CD et complète.
2. Souhaite un bon anniversaire à un camarade et formule des vœux de bonheur.

♦ **J'évalue ma capacité à** comprendre un poème récité.

♦ **Je devrais pouvoir** utiliser le subjonctif présent.

Mon évaluation:

3. Mi tarjeta Bancaja

Lis attentivement cette publicité pour une carte de crédit et retrouve un verbe au subjonctif présent. Donne l'infinitif.

- ♦ **J'évalue ma capacité à** comprendre une publicité.
- ♦ **Je devrais pouvoir** retrouver une forme irrégulière du subjonctif présent.

Mon évaluation :

Algunos animales

Uno de estos animales no vive en España sino en América latina. ¿Cuál es?

La cigüeña blanca

El lince ibérico

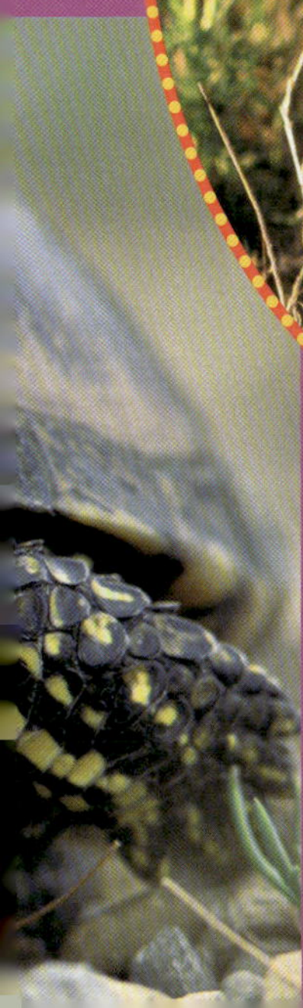

7

Así vivían

MICRO-TÂCHES

- Évoquer une scène du passé
- Évoquer des souvenirs
- Parler de ses animaux familiers
- Parler de mondes imaginaires

TÂCHE

- Je parle, au choix, d'un animal ou d'une passion que j'avais quand j'étais plus jeune.

OBJECTIFS LINGUISTIQUES

- L'imparfait de l'indicatif
- Le superlatif
- *Érase una vez...*

Solución: se trata del cóndor que vive en los Andes.

Alma y sus mascotas[1]

Alma vivía en una casa pequeña, con dos perros, un gato, tres canarios anaranjados, una gacela y un papagayo.

El favorito de Alma era Terco, el gato de ojos azules: dormía a sus pies, como una perfecta alfombra[2]. Ella lo perfumaba con su vaporizador. Salía a la calle, como un perro, detrás de ella, cuando iba al mercado, al dentista o a la farmacia. Terco era tan bonito que la gente no se reía de ella, al verla pasar con aquel felino que parecía un perro.

Silvina Ocampo, «El mi, el si o el la», in *Cornelia frente al espejo*, 1988.

1. *animaux de compagnie*
2. *tapis*

De memoria

Un gato **de** ojos azules.
La gente no se reía de ella.

48

1 Comprender

1. **Di cuál era el animal favorito de Alma.**
2. **¿Cómo se llamaba?**
3. **Alma lo quería mucho. Busca dos detalles que lo muestran.**
4. **¿Adónde iba Alma con su mascota favorita?**

Dilo bien

- un animal
- una mascota: *un animal de compagnie*
- cariñoso: *affectueux*
- preferir (ie)

2 Escribir

Lee el texto «Alma y sus mascotas» y di qué animales tenía Alma en casa. Después, mira el dibujo y di de qué color son.

3 Escuchar

Escucha el CD y completa.

ANDREA Y SUS PERROS

1. A Andrea le gustaban sus dos mascotas. Eran dos …… .
2. Se llamaban …… y Monroy.
3. A Andrea no le interesaba …… .
4. No le interesaba tampoco …… .
5. Lo que prefería era …… .

Jaime Bayly, *Y de repente, un ángel*, 2005.

Por las calles de Buenos Aires.

¿Cuánto tiempo dedican los españoles a sus mascotas?

Seis de cada diez hogares[1] españoles disfrutan de un animal de compañía. Durante los fines de semana, los españoles dedican 1h:06 al cuidado de sus animales de compañía, lo que supone un 5% de su tiempo de ocio[2] en el hogar.

1. el hogar: *le foyer* 2. *loisir*

Tiempo medio de los españoles dedicado a actividades de ocio en el hogar durante el fin de semana.

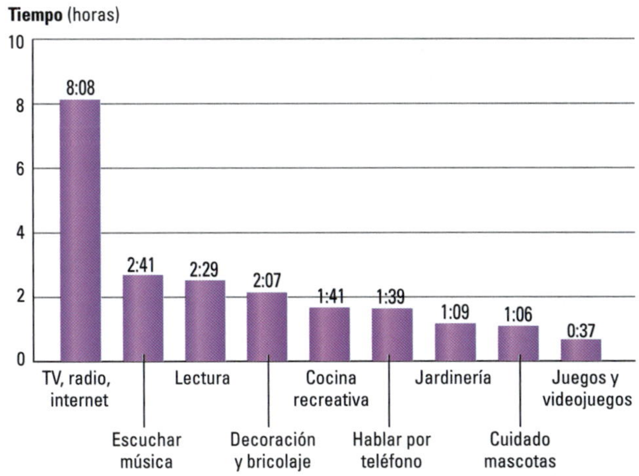

www.misanimales.com/encuesta

4 Decir

Observa el gráfico y di a qué te dedicas más durante el fin de semana.

Ejercicios

Escribe en imperfecto.

1. Terco es un gato.
2. Terco tiene los ojos azules.
3. Alma sale con el gato para ir de compras.
4. Andrea pasa horas con sus perros.
5. Juega con sus dos mascotas.

Fíjate bien

L'imparfait de l'indicatif

Hablar	Comer	Vivir
hablaba	comía	vivía
hablabas	comías	vivías
hablaba	comía	vivía
hablábamos	comíamos	vivíamos
hablabais	comíais	vivíais
hablaban	comían	vivían

Deux irréguliers

Ser	Ir
era	iba
eras	ibas
era	iba
éramos	íbamos
erais	ibais
eran	iban

Unité 2

El lobito bueno

Érase una vez[1]
un lobito bueno
al que maltrataban
todos los corderos.
Y había también
un príncipe malo,
una bruja hermosa
y un pirata honrado[2].
Todas estas cosas
había una vez.
Cuando yo soñaba[3]
un mundo al revés[4].

José Agustín
Goytisolo.

1. *il était une fois* 2. *honnête*
3. soñar (ue): *rêver* 4. *à l'envers*

1 Comprender

En esta canción, se trata de un mundo al revés. Busca cinco detalles para justificarlo.

Dilo bien

- un deportista
- saltar: *sauter*
- contar (ue)
- las vallas: *les haies*
- dormirse (ue): *s'endormir*

Decir 2

Describe este dibujo y di por qué se trata de un mundo al revés.

Fíjate bien

Raconter une histoire

Pour raconter une histoire ou un conte, on emploie une formule particulière :

Érase una vez...

ou Érase que se era...

Escuchar 3

Escucha el CD y contesta.

LAS BRUJAS NO EXISTEN

1. **¿Cuántos años tenía Quique?**
   a Tres años.
   b Cuatro años.
   c Cinco años.
2. **Quique sabía escribir.**
   Verdad / Mentira
3. **Hacía muchas preguntas a los adultos.**
   Verdad / Mentira
4. Su madre le explicaba que no existían las brujas, ni ......, ni los enanitos del ....
5. ¿Qué le pregunta Quique a su madre?

Torcuato Luca de Tena, *La mujer de otro*, 1961.

Dilo bien

- el ratón: *la souris*
- reírse
- reír a carcajadas: *rire aux éclats*
- morirse (ue) de risa: *mourir de rire*
- desternillarse de risa: *se tordre de rire*

4 Actuar

Par groupes de deux.

Tu compañero tiene el libro cerrado. Le describes el dibujo y le explicas por qué se trata de un mundo al revés. Él puede hacerte preguntas.

Escribir 5

Explica por qué se trata de un mundo al revés.

Chapitre 7

Unité 3

Apellido: Ibáñez
Nombre: Francisco
Nacimiento: 1936, Barcelona
Profesión: dibujante

Es el padre de Mortadelo y Filemón.

Recuerdos de escuela

Entonces los profesores te hacían aprender la Historia, los reyes, la geografía y yo tenía muy mala memoria… Después de varias horas estudiando me lo aprendía, pero al día siguiente, cuando tenía que soltar[1] la lección, se me había olvidado. Lo que mejor recuerdo del colegio era el momento en que sonaba el timbre y salíamos corriendo.

En todos los trabajos metía un dibujo y los profesores me ponían mejor nota por eso.

Magazine El Mundo, 12 de junio de 2005.

1. *réciter*

De memoria

Al día siguiente, se me había olvidado.
Lo que recuerdo…

52

Dilo bien

- aburrido: *ennuyeux*
- aprender de memoria: *apprendre par coeur*
- olvidarse de: *oublier*

1 Comprender…

1. Explica por qué no le gustaba la escuela a Francisco.
2. Di qué momento le gustaba más.
3. El chico tenía un truco para conseguir mejores notas. Explica lo que hacía.

Escribir 2

Vas a mandar una postal virtual de Mortadelo y Filemón a tu compañero o a tu profesor. Entra en: http://www.mortadeloyfilemon.com/internet/postales.asp#

1. Haz clic en la postal central.
2. Ahora, crea tu postal.

3 Escuchar

Escucha el CD y contesta.

ENTREVISTA CON FRANCISCO IBÁÑEZ

1. Cuando era pequeño, Francisco Ibáñez leía muchos cómics.
   Verdad / Mentira
2. Mortadelo y Filemón son los dos personajes más ....
3. En Grecia, los dos personajes tienen un nombre complicado. Los nombres tienen muchos consonantes. ¿Cuántos?
   a Doce. b Trece. c Catorce. d Quince.
4. ¿En qué país se llaman Flip y Flop?
   a Alemania. b Dinamarca. c Finlandia.
5. En Alemania tienen un nombre inglés.
   Verdad / Mentira

Muy Junior, febrero de 2006.

Comprender 4

	Verdad	Mentira
1. Los jóvenes españoles no leen.		
2. Los adultos leen más que los jóvenes.		
3. Los jóvenes sólo leen cómics.		
4. Los jóvenes nunca leen los periódicos.		
5. Lo que menos leen son los tebeos y cómics.		

Los jóvenes españoles y la lectura

El 36% de los adolescentes de 15/16 años lee libros en su tiempo libre más de una vez a la semana y el 38% son lectores ocasionales.

Comparando esos datos con los de la población adulta, se puede afirmar que los adolescentes leen algo más que los adultos.

Y no sólo leen libros, entre sus lecturas voluntarias también se encuentran los periódicos y revistas y, en menor medida, los cómics y tebeos.

www.literaturas.com/LecturajovenesCIDE.htm

Las civilizaciones precolombinas

Los **aztecas** y los **mayas** vivían en América central y los **incas** ocupaban la región andina.
A la llegada de los españoles, a finales del siglo XV, las únicas sociedades urbanas que existían en América eran la **azteca** y la **inca**, pues la cultura maya había desaparecido en el siglo XI.

El jaguar

El jaguar es el felino más grande y poderoso del continente americano. El jaguar era adorado y considerado como un dios por las civilizaciones precolombinas de México, Perú y América Central. Desde épocas remotas[1] los olmecas[2] le rendían culto, y entre los guerreros mexicas era un símbolo de valor. Para los mayas el jaguar era un dios y lo llamaban *Balam*.

www.esmas.com

1. *lointaines*
2. antigua civilización en México (1300-600 antes de Cristo)

1 Comprender...

1. **Apunta un detalle que muestra que el jaguar era un animal muy importante en las religiones antiguas.**
2. **Apunta tres nombres de civilizaciones precolombinas que consideraban al jaguar como un dios.**

2 Escuchar

Escucha el CD y contesta.

UN ANIMAL SAGRADO

	Sí	No
1. El jaguar era importante para los militares.		
2. El jaguar era importante para la religión.		
3. El jaguar estaba asociado al sol.		
4. El jaguar estaba asociado al agua.		
5. Las manchas *(les taches)* del jaguar representaban las estrellas del cielo.		

www.greenpeace.org/méxico/

Fíjate bien

Le superlatif relatif

- Es el felino más grande del continente americano.

C'est le félin le plus grand du continent américain.

El águila

El escudo nacional de México está conformado por un águila devorando a una serpiente sobre un nopal[1] en el centro de un lago.
El águila devorando a la serpiente representa el triunfo del Sol sobre la tierra. Representa el renacimiento diario del sol en el amanecer, en el ciclo diario del día y la noche.

http://es.wikipedia.org

1. *figuier de Barbarie*

3 Comprender...

Lee atentamente el texto. Después, completa esta frase:

El ...... era un ave mítica entre los aztecas para quienes simbolizaba el ...... mientras que la ...... representaba la tierra.

Quetzal.

Quetzalcóatl, la serpiente emplumada

La figura central de la religión azteca era Quetzalcóatl: en español literal quetzal-serpiente, interpretado como «la serpiente emplumada».
Para los indios el quetzal representaba lo divino y la serpiente lo terrenal.
La figura de Quetzalcóatl constituía una especie de conexión entre los dos mundos.

www.espaciotiempo.com

4 Decir...

Lee atentamente el texto. Después, sin mirar el libro, explica en voz alta lo que representaba la figura de Quetzalcóatl.

5 Escuchar... 55

Escucha el CD y contesta.

LA SERPIENTE

1. ¿Cómo era la serpiente para los aztecas?
   a Era maligna. b No era maligna.

2. ¿Qué combinaba la serpiente?
   a El sol y el agua.
   b El sol y la tierra.
   c La tierra y el agua.

3. ¿Quién poseía[1] una falda de serpientes?

4. ¿Cómo se llamaba la diosa de las cosechas[2]?

1. poseer: *posséder* 2. *des récoltes*

Vamos a ver

L'imparfait de l'indicatif

1. Les verbes réguliers

Hablar	Comer	Vivir
hablaba	comía	vivía
hablabas	comías	vivías
hablaba	comía	vivía
hablábamos	comíamos	vivíamos
hablabais	comíais	vivíais
hablaban	comían	vivían

Remarque :
Pour les verbes en -er et en -ir, il y a un accent écrit sur le í, à toutes les personnes.

Écris à l'imparfait les phrases suivantes.

1. El gato se llama Terco.
2. Los ojos de Terco son azules.
3. Siempre acompaña a Alma.
4. Viven los dos en una casa blanca.
5. Salen los dos por las calles de la ciudad.

2. Trois verbes irréguliers

Ser	Ir	Ver
era	iba	veía
eras	ibas	veías
era	iba	veía
éramos	íbamos	veíamos
erais	ibais	veíais
eran	iban	veían

Remarque :
Seuls ces trois verbes sont irréguliers à l'imparfait.

Écris à l'imparfait les phrases suivantes.

1. El pirata es honrado.
2. Vive en una isla del mar Caribe.
3. La bruja y el pirata son simpáticos.
4. La bruja está en el bosque.
5. Va a ver a los enanitos.

Le superlatif

1. Le superlatif absolu

Il se forme avec **muy.**

- Es una serpiente muy peligrosa.

C'est un serpent très dangereux.

Il se forme aussi avec le suffixe **-ísimo, -ísima.**

- Es peligrosísima.

Il est très dangereux.

2. Le superlatif relatif

el, la más ... **el, la menos ...**

Il n'y a pas d'article devant le superlatif lorsqu'il y en a un devant le nom.

- Es la más peligrosa.

C'est le plus dangereux.

- Es la serpiente más peligrosa.

C'est le serpent le plus dangereux.

Raconter une histoire

Pour un conte, il existe plusieurs formules traditionnelles qui correspondent à « Il était une fois... »

- Érase una vez... *ou* • Érase que se era...

Juegos

1. La foto mentirosa

Ésta es una foto de Juan durante sus vacaciones.
En la copia de al lado, hay siete diferencias. ¡A buscar!

➜ **Utilise l'imparfait pour donner la solution, à l'oral.** ***(En la copia es diferente porque en realidad... era... tenía..., etc.)***

2. Verbos en la sopa

➜ **Busca cinco verbos en imperfecto y da el infinitivo de cada uno.**

3. Eran buenos amigos

➜ **Identifica a cada uno de los jóvenes en esta foto sacada hace 5 años.**

Pedro era el más alto. A su lado estaba María. Llevaba un vestido rosa. A Juan, el hermano de Pablo, le encantaban los vaqueros. Miguel era rubio. Era el mejor amigo de Pilar que siempre llevaba gafas.

ÉVALUATION

1. Poema del número 5

Poema del número 5

Un guante para meter los cinco dedos.

Cinco elefantes se balanceaban
en la tela de una araña.

Cinco lobitos tiene la loba
blancos y negros detrás
de la escoba.

Una estrella de cinco puntas.
Voy a hacerte una pregunta:

¿Cuántos brazos tiene una estrella de mar?
Cinco ¡Qué barbaridad!
A, e, i, o, u...
Cinco vocales que ya sabes tú.

Gloria Almendáriz.

1. Relève le verbe qui est à l'imparfait et donne l'infinitif.
2. Quels sont les deux vers qui pourraient avoir pour titre *«Un mundo al revés»*. Explique pourquoi.

♦ **J'évalue ma capacité à** lire un poème et à en comprendre le sens.

♦ **Je devrais pouvoir** reconnaître les verbes à l'imparfait.

Mon évaluation:

2. Recuerdos de infancia

Mercedes Ferrer

Nacimiento: Madrid.

Profesión: cantante y compositora.

Era una niña artista. Me gustaba la música en particular, pero también me gustaba dibujar, escribir... Tenía dos pasiones. La primera, todo lo relacionado con las artes, porque tenía una imaginación muy desarrollada y se me ocurrían constantemente historias, por eso escribía canciones. La otra, quería ser médico.

Magazine El Mundo, 10 de julio de 2005.

TÂCHE

1. Retrouve les deux passions de la chanteuse Mercedes Ferrer.
2. À ton tour, parle d'un animal ou d'une passion que tu avais quand tu étais plus jeune.

♦ **J'évalue ma capacité à** repérer les activités préférées d'une personne à partir d'un souvenir exprimé au passé.

♦ **Je devrais pouvoir** utiliser les formes verbales à l'imparfait.

Mon évaluation:

3. Un mundo al revés

Regarde cette publicité pendant 1 minute. Ensuite, ferme ton manuel.
En deux phrases à l'imparfait, dis ce que tu as vu.

- **J'évalue ma capacité à** décrire une scène que je n'ai plus sous les yeux.
- **Je devrais pouvoir** m'exprimer à l'imparfait.

Mon évaluation:

4. Lila y Violeta

el teatro — las mandarinas — las manzanas verdes — los perros — el campo — los pájaros — las fiestas — el silencio

57

Écoute plusieurs fois l'enregistrement et retrouve ce qu'aiment les deux jeunes filles.
Par groupes de deux, vous pouvez vous interroger mutuellement.
¿Qué le gustaba a Lila?
¿Qué le gustaba a Violeta?

- **J'évalue ma capacité à** comprendre un message oral.
- **Je devrais pouvoir** m'exprimer oralement à l'imparfait.

Mon évaluation:

La Plaza de Cataluña

Barcelona

1. Soy una casa. Mi fecha de nacimiento: 1906. ¿Quién soy?

2. Puedo ver toda la ciudad de Barcelona. ¿Quién soy?

El parque Güell

El barrio gótico

El puerto

El Tibidabo

La Pedrera

Las Ramblas

8 Como quieras

MICRO-TÂCHES

- Parler des règles de vie au collège
- Parler de ses horaires et de sa vie quotidienne
- Parler de ses repas
- Passer une commande au restaurant
- Présenter les règles de sécurité en matière de transport
- Décrire ses vêtements et ses habitudes vestimentaires

TÂCHE

- J'explique à un ami ce que je dois faire dans une journée.

OBJECTIFS LINGUISTIQUES

- L'obligation personnelle et impersonnelle
- L'expression de l'heure
- Les verbes à affaiblissement
- *Mientras que*
- *Soler* pour exprimer l'habitude
- Le futur dans la subordonnée temporelle

Solución: 1. La Pedrera. 2. El Tibidabo.

Unité 1

Reglas para portarse en el colegio

Hay que llegar puntual a clase.

En clase hay que levantar la mano para contestar al profesor.

En clase hay que escuchar al profesor.

Hay que estar en silencio en la biblioteca.

Hay que desconectar el móvil en clase.

En el examen hay que contestar las preguntas.

1 Decir...

Elige una de las seis viñetas. Sin decir cuál es, descríbela y explica lo que pasa.
Tus compañeros tienen que adivinar de qué viñeta se trata.

En el cole tengo que respetar estas normas:

✓ **Tengo que ser puntual. Entro al cole a las 8:00 y salgo a la 1:00.**

✓ **No puedo comer en clase. Tengo que esperar el recreo para comer golosinas.**

✓ **Si falto un día, tengo que traer una carta de mis padres.**

✓ **Si estoy enfermo me quedo en casa para no contagiar a mis amigos.**

✓ **Cuando el colegio comunica con una circular, tengo que entregarla a mis padres.**

2 Decir...

1. **¿Tienes las mismas normas en tu colegio? Di cuáles.**
2. **¿Existe otra regla en tu colegio? ¿Cuál es?**

Dilo bien

- ser puntual ≠ llegar con retraso
- el chicle: *le chewing-gum*
- mascar: *mâcher*
- faltar: *manquer, être absent*
- la epidemia: *l'épidémie*
- entregar: *remettre, donner*

3 Escuchar

Escucha el CD y completa.

EN UN CAFÉ

1. **Busca el intruso en la lista de lo que compra Julián.**

revistas	goma de mascar	agua	cigarrillos

2. **¿Qué toma en el bar?**
   - a Agua mineral.
   - b Coca-cola.
   - c Zumo de naranja.
   - d Café solo.

3. **De repente, Julián tiene que marcharse porque...**
   - a reconoce a un amigo.
   - b alguien fuma en otra mesa.
   - c quiere ir a comprar tabaco.

4. **Completa la frase.**

No quiere envenenar sus pulmones con ....

Según Jaime Bayly, *Y de repente, un ángel*, 2005.

4 Escribir

Describe brevemente este dibujo.

Dilo bien

- la fábrica: *l'usine*
- la chimenea: *la cheminée*
- el obrero: *l'ouvrier*
- el patrón: *le patron*

Fíjate bien

L'obligation impersonnelle

Hay que + *infinitif*

- Hay que escuchar. *Il faut écouter.*

L'obligation personnelle

Tener que + *infinitif*

- Tengo que escuchar. *Je dois écouter, il faut que j'écoute.*
- Tienes que ser puntual. *Tu dois être ponctuel.*

Unité 2

¿Qué te apetece?

En Tenerife (Canarias).

Silvia ha invitado a Irene a comer en casa.

Silvia – A ver... tengo... tengo espaguetis... ¿O prefieres que hagamos arroz[1]? Tengo pescado[2] congelado que aunque suene mal, está bueno... Más pasta, tortellini. Mira, una crema de puerros[3]...

Irene – Lo que sea más fácil.

Silvia – Pero, bueno, ¿a ti qué te apetece[4]?

Irene – No sé... Lo que tú quieras.

Silvia – Pues... el pescado y la crema.

Irene – Vale[5].

Cesc Gay y Tomás Aragay, *En la ciudad* (guión), 2005.

1. *riz* 2. *poisson* 3. *poireaux*
4. *tu as envie de quoi ?* 5. *d'accord, OK*

Decir 1

Describe estas tres fotos sacadas en Canarias.
– ¿Quiénes son?
– ¿Dónde están?
– ¿Qué están haciendo?
– ¿Cuál es la especialidad del restaurante?

2 Comprender

En esta lista, hay algo que no le propone Silvia a Irene. Di lo que es.

pasta | tortellini | espaguetis | arroz | pescado | carne | sopa de puerros

Dilo bien

- la terraza: *la terrasse*
- las gafas de sol
- el vaso: *le verre*
- la copa: *le verre (à pied)*
- el plato: *l'assiette*
- la botella
- el zumo: *le jus de fruit*

De memoria

Lo que tú quieras. *Ce que tu voudras.*
Vale. *D'accord.*

3 Actuar

Par groupes de deux.

Tu compañero te pregunta lo que te apetece comer. Dile lo que eliges de entrada y de plato principal. Para empezar, pides también algo para picar.

¿Qué te apetece...?

1. Para picar...

2. De entrada...

3. De plato...

Dilo bien

- el agua mineral
- sin gas / con gas: *plate / gazeuse*
- la carne: *la viande*
- los calamares

4 Escuchar

Escucha el CD y contesta.

YO NO COMO CARNE

1. ¿Cuál de los dos no come carne?
   - **a** Matías. **b** Violeta.
2. ¿Por qué no come carne?
   - **a** Porque no le gustan las proteínas.
   - **b** Porque dice que es como asesinar a una vaca.
   - **c** Porque está enferma y no puede comer carne.

Oscar Ladoire y Fernando Trueba, *Ópera Prima*, 1980.

Chapitre 8

Unité 3

Horarios de trabajo: así somos los españoles.

Este horario es el horario de la mayoría de los españoles.

La gente empieza a trabajar a las 9:30 (nueve y media) o a las 10:00. Trabaja hasta las 14.00 (las dos).

Entre las 14:00 y las 16:00 (las cuatro) la gente suele comer.

Trabaja de nuevo a partir de las 16:00 hasta las 19:00 (las siete) o las 20:00 (las ocho) de la tarde.

La gente vuelve a casa y cena a partir de las 22:00 (las diez) o las 23:00 (las once) de la noche.

ABC Semanal,
12 de febrero de 2006.

1 Decir

Compara el horario de la gente en España con el horario de la gente en Francia.
Di qué horario te parece más agradable.

Dilo bien

- las comidas: *les repas*
- el desayuno: *le petit-déjeuner*
- el almuerzo: *le déjeuner*
- la merienda: *le goûter*
- la cena: *le dîner*
- almorzar (ue)
- merendar (ie)
- cenar

Ejercicios

Réécris ces phrases en exprimant l'idée d'habitude.

1. Almuerzas en el restaurante cada día.
2. Mi hermano y yo, estudiamos hasta las siete de la tarde.
3. Mi madre vuelve a casa a las ocho.

Fíjate bien

L'expression de l'habitude

Soler (ue) + *infinitif*

- La gente **suele** comer a partir de las 14:00.

L'opposition : *mientras que*

- Max tiene media hora para cenar **mientras que** a Evi no le da tiempo para almorzar.

El mundo, reloj en mano

Argentina

Nombre: Federico, 35 años

Cargo: responsable de un gabinete de comunicación

– ¿A qué hora entra al trabajo?
– A las 11:00.
– ¿A qué hora se va a comer?
– De 13:00 a 13:30.
– ¿A qué hora sale del trabajo?
– A las 19:00.
– Y se va a la cama a...
– Generalmente, a las 00:00.

2 Comprender

1. ¿Cuántas horas se pasa cada uno en el trabajo?
2. ¿Cuánto tiempo tiene cada uno para comer?

Dinamarca

Nombre: Max, 32 años

Cargo: arquitecto

– ¿A qué hora entra al trabajo?
– A las 8:30.
–¿A qué hora se va a comer?
– De 12:00 a 12:30.
–¿A qué hora sale del trabajo?
– A las 14:30.
– Y se va a la cama a...
– A las 22:30.

3 Decir

Di en cuál de estos tres países te parece más agradable vivir.

Grecia

Nombre: Evi, 40 años

Cargo: secretaria en una empresa

– ¿A qué hora entra al trabajo?
– A las 8:00.
– ¿A qué hora se va a comer?
– No paro para almorzar.
– ¿Cuándo sale del trabajo?
– A las 15:30.
– Y se va a la cama a...
– De 23:30 a 00:00.

ABC Semanal, 12 de febrero de 2006.

4 Escuchar

Escucha el CD y completa.

FRANCIA

– ¿Cómo se llama? – ......
– ¿Cuál es su cargo? – ......
– ¿A qué hora entra al trabajo? – ......
– ¿A qué hora se va a comer? – ......
– ¿A qué hora sale del trabajo? – ......
– ¿A qué hora se acuesta? – ......

ABC Semanal, 12 de febrero de 2006.

5 Actuar

Par groupes de deux.

Entrevista a tu compañero a propósito de su horario en el colegio. Imita el modelo de las entrevistas en *ABC Semanal*.

Chapitre 8

Unité 4

Entrevista con Pau Gasol

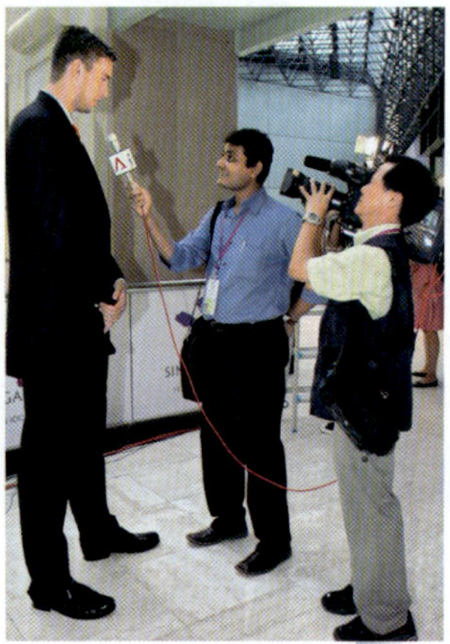

Pau Gasol es muy alto, mide 2,15 metros. Desde los 21 años, ahora tiene 25, juega en los Estados Unidos con y contra los mejores baloncestistas[1] del mundo. Pau dedica su tiempo libre a ayudar a los niños más desfavorecidos del mundo como embajador de la UNICEF.

– ¿Tienes miedo al avión? ¿Qué haces en los vuelos?

– Como no tengo miedo a volar, suelo dormir y leer. A veces, para matar el tiempo, llevamos consolas y jugamos durante el trayecto.

– ¿Qué tal comes en los EE.UU.? ¿Echas de menos algún plato? ¿Haces dieta[2]?

– Soy cuidadoso con lo que como, tanto en calidad como en cantidad. Mi madre vive conmigo, así que puedo comer platos españoles.

Muy Junior, enero de 2006.

1. el baloncesto: *le basket* ; el baloncestista: *le joueur de basket*
2. *régime*

1 Comprender...

1. ¿Cuántos años tiene Pau Gasol?

a 21 años. b 25 años.

2. ¿Dónde vive?

a En España. b En Estados Unidos.

3. Pau Gasol le tiene miedo al avión.

a Verdad. b Mentira.

4. Lo que suele hacer durante el vuelo. No menciona una de estas actividades. Di cuál es.

a Leer. b Jugar con una consola vídeo. c Escuchar música. d Dormir.

5. A Pau Gasol no le importa lo que come.

Verdad Mentira

2 Escuchar

Escucha el CD y completa.

PARA SABER MÁS

1. ¿Cuántos partidos juegas al año?

Alrededor de ...... encuentros.

2. Y, además tienes tiempo para ayudar a los niños más pobres. ¿En qué consiste ser embajador de UNICEF?

Básicamente es sentirse solidario con la gente que vive en ...... muy desfavorecidas. No puedo ...... el mundo, pero sí ayudar a ...... sobre las desigualdades.

Muy Junior, enero de 2006.

3 Decir...

¿Cómo viste Pau Gasol en cada uno de las dos fotos?

Lleva una camiseta ......, pantalones cortos ...... y zapatillas ....

4 Actuar

Pregunta a un compañero o una compañera lo que le gusta llevar.

la gorra

las gafas

la chaqueta

los zapatos

el bolso

la bota

la zapatilla

la falda

la camiseta *(le tee shirt)*

el vaquero *(le jeans)*

5 Decir

Describe este dibujo y compara a las dos parejas.

Dilo bien

- el vestido: *la robe*
- el lazo: *le nœud*
- el bolso: *le sac*
- el paraguas: *le parapluie*
- el traje: *le costume*
- el sombrero: *le chapeau*
- estampado,a: *imprimé,e*
- de lunares: *à pois*
- el caniche

Fíjate bien

Les verbes à affaiblissement

Medir (e → i)

mido
mides
mide
medimos
medís
miden

Sur ce modèle, se conjuguent les verbes **pedir, vestir, seguir, reír...**

Le comparatif d'égalité

- **Tanto** en calidad **como** en cantidad.

Fernando Alonso, un as en seguridad

El más rápido en los circuitos es también el primero en respetar las normas de circulación.
El piloto asturiano nos da un montón de consejos para circular más seguros por las carreteras.

Cuando monta en una moto, Fernando siempre se pone el casco; algo que para todos es fundamental a la hora de realizar un viaje sobre ruedas.

«Regaña[1]» a tus padres cuando sobrepasen[2] la velocidad en carretera.

Aplícate este consejo del campeón de F1 cuando circules por la calle: es importante que los peatones también respeten las señales de tráfico.

En las carreras, Fernando Alonso se pone nada más y nada menos que 6 cinturones de seguridad. Así que, cuando tú montes en un coche, no te olvides nunca de abrocharte el cinturón, tanto en los asientos delanteros como en los traseros.

Según nuestro profe de Educación Vial, un circuito de carreras es mucho más seguro que una carretera convencional. Por eso, él aconseja utilizar siempre el coche de una manera responsable y no como un juguete para divertirse.

Muy interesante Junior, julio de 2006.

1. *gronde, dispute* 2. *quand ils dépasseront*

Fíjate bien

Le futur dans la subordonnée temporelle

Le futur s'exprime avec le subjonctif après **cuando**.

- Regaña a tus padres **cuando sobrepasen** la velocidad.
- Abróchate el cinturón **cuando montes** en un coche.
- Aplícate este consejo **cuando circules** por la calle

Le comparatif d'égalité

- Abróchate el cinturón **tanto** en los asientos delanteros **como** en los traseros.

1 Decir...

Lee atentamente los consejos de Fernando Alonso y di lo que hay que hacer para circular seguro.

España, el país de los moteros

Lorenzo Milá

La familia del presentador del telediario 2 de TVE, de 44 años, tiene una larga tradición motera.

– ¿Cuál tiene ahora?
– Aquí, en Madrid, utilizo una Vespa. Tener moto en Madrid supone descubrir otra ciudad, tienes que ir con cuidado[1], está claro, pero si te animas descubres otro ritmo de vida.

Ricardo Aroca

Para el decano[2] del Colegio de Arquitectos de Madrid, la moto no tiene edad, aunque hay que ser consciente de las limitaciones de cada uno.

– ¿Cuál tiene ahora?
– Una BMW 1150 RT, voy con ella a todas partes. Soy de los que van en moto a todos lados; sólo si tengo que viajar o llueve le pido a mi mujer su coche.

Magazine de El Mundo, 2 de octubre de 2005.

1. *faire attention* 2. *le doyen*

2 Comprender...

1. **¿Qué consejo le da al lector Lorenzo Milá?**
2. **¿En qué casos no circula en moto Ricardo Aroca?**

Escuchar 3

Escucha el CD y contesta.

CARLA ROYO

1. **Carla tiene:**
   a 16 años. b 26 años. c 36 años.

2. **Le gusta sentirse sola cuando...**
   a va por el campo.
   b va por la ciudad.
   c viaja de noche.

3. **¿Dónde le gusta sacar fotos?**

Magazine de El Mundo, 2 de octubre de 2005.

Tengo ganas de pasear

Mauricio y Clotilde viven en Barcelona. Están hablando. De pronto, le pregunta Mauricio a la joven:

– ¿Qué haces el sábado?
– ¿Este sábado?
– Claro, mujer, ¿cuál va a ser?
– Este sábado no hago nada.
– Podemos vernos.
– ¿Salir a cenar?
– Por ejemplo.
– ¿Tú y yo solos?
– Si no te parece mal.
– No, no me parece mal. Pero tengo una idea mejor. Vámonos fuera todo el fin de semana. A un hotel agradable, en el campo. Mar o montaña, me da lo mismo. Tengo ganas de pasear y de tomar el sol. Estoy harta de la ciudad, necesito un cambio.

Eduardo Mendoza,
Mauricio o las elecciones primarias, 2006.

4 Comprender...

1. **¿Cuál de los dos habla primero? ¿Mauricio o Clotilde?**
2. **¿Adónde van a pasar el fin de semana los dos?**
3. **¿Qué prefiere Clotilde? ¿Mar o montaña?**

Vamos a ver

L'obligation

1. Impersonnelle

Hay que + *infinitif*

- En moto, hay que ir con cuidado.

2. Personnelle

a. Tener que + *infinitif*

- Tengo que estudiar.
- Tienes que saberlo.

b. Deber

- Debemos respetar las normas del colegio.

Escribe una frase para ilustrar los carteles.

Le présent de l'indicatif des verbes à affaiblissement

Le « e » du radical ne se transforme en « i » que lorsque le radical est accentué.

Vestir (e→i)
visto
vistes
viste
vestimos
vestís
visten

Le futur dans la subordonnée temporelle

Après **cuando***, l'idée de futur s'exprime avec le subjonctif.*

- Aplícate este consejo **cuando circules** por la calle.

Transforme les phrases sur ce modèle.

Circulas por la calle. Aplícate este consejo.

→ **Aplícate este consejo cuando circules por la calle.**

1. Cruzas la calle. Espera la señal.
2. Vas en moto. Ponte el casco.
3. Llueve mucho. Llévate el paraguas.

«Mientras que»

Max tiene media hora para cenar **mientras que** Evi no almuerza.

Compara a las dos chicas. Escribe 2 frases con «mientras que...»

Juegos

1. La foto mentirosa

➜ En la foto de esta escena, hay siete diferencias. ¡A buscarlas!

2. Los intrusos

➜ Los nombres de los objetos dibujados tienen dos sílabas, excepto uno que tiene tres y otro que tiene cuatro. Descúbrelos.

3. La frase misteriosa

♠l ♣v♥♦n ♠s
♠l m♠d♥♦ d♠
tr♣nsp♦rt♠ m♣s
s♠g•r♦

➜ En el texto de esta frase han sido sustituidas las vocales por dibujos.
Descubre la frase.

ÉVALUATION

1. Algunas reglas

Ces dessins traduisent en images certaines obligations. Dis-les à voix haute.

1. Tomar – el autobús – el colegio.
2. Abrocharse el cinturón – el taxi.
3. El colegio – los alumnos – llevar un uniforme.
4. Un niño – de todo – comer.

♦ **J'évalue ma capacité à** formuler des obligations.

♦ **Je devrais pouvoir employer** *hay que* et *tener que*.

Mon évaluation:

2. Turquía

- ....
- Me llamo Met.
- ....
- Soy jefe de ventas en una empresa textil.
- ....
- A las nueve.
- ¿A qué hora se va a comer?
- 12:30.
- ¿A qué hora sale del trabajo?
- 7:30.
- ¿Y se va a la cama a las...?
- 23:00.

ABC Semanal, 12 de febrero de 2006.

TÂCHE 64

1. Écoute le CD et complète.
2. Explique à un ami tout ce que tu dois faire dans une journée.

♦ **J'évalue ma capacité à** m'informer sur les horaires d'une personne.

♦ **Je devrais pouvoir employer** les heures.

Mon évaluation:

3. Euskadi

Tu expliques à un camarade, à partir de ce programme, pourquoi la vie en Euskadi te semble agréable.

- **J'évalue ma capacité à** présenter une région (paysages, nourriture, distractions, activités...).
- **Je devrais pouvoir employer** le lexique approprié, étudié dans le chapitre.

Mon évaluation:

Un jaguar

Una llama

Animales americanos

Todos estos animales, menos dos, tienen un nombre que se acentúa en la última sílaba.
Di cuáles son los dos.

Un tatú

Un tucán

Un caimán

Un papagayo

Un ñandú

9

¿Qué pasará?

MICRO-TÂCHES

- Exposer un projet au futur
- Écrire une lettre pour défendre une cause
- Rédiger un slogan pour défendre la planète

TÂCHE

- Je convaincs mes camarades de classe de l'importance de réagir pour sauver la planète. Je choisis une cause (la forêt, l'eau, un animal, l'air, etc.) et j'argumente.

OBJECTIFS LINGUISTIQUES

- Le futur
- L'expression du futur dans la subordonnée
- L'hypothèse
- Le conditionnel
- Les chiffres

Solución: la llama y el papagayo.

Chapitre 9

Unité 1

1 Comprender

1. ¿A quién se dirige el poeta en este poema?
2. El poeta le da reglas para su vida futura. ¿Cuáles son?

Dilo bien

- el bañador: *le maillot de bain*
- el flotador: *la bouée*
- la lámpara: *la lampe*
- la tumbona: *la chaise longue*
- la toalla: *la serviette*
- echar de menos: *regretter*

Amarás el mar

65

Hijo, amarás el mar y la tierra
sobre[1] todas las cosas.
Respetarás el paisaje natural
y la naturaleza salvaje.
Defenderás la vida
de los árboles y de los animales.

Olivier Herrera Marín,
Besa las estrellas, 1993.

1. *(ici) plus que*

Decir 2

1. Di cómo se ve que la mujer y la hija echan de menos las vacaciones en la Costa Brava.
2. ¿Qué intenta explicar el publicista?

Fíjate bien

Le futur

Infinitif +	é	hablaré
	ás	hablarás
	á	hablará
	emos	hablaremos
	éis	hablaréis
	án	hablarán

Quelques irréguliers

poder: **podré** hacer: **haré** decir: **diré**

Le conditionnel

Comme le futur, il se forme avec l'infinitif. On ajoute les terminaisons de l'imparfait.

Infinitif +	ía	íamos
	ías	íais
	ía	ían

3 Comprender...

1. Apunta las dos informaciones que se refieren a la contaminación del planeta.
2. Apunta la frase reveladora de la importancia del agua en nuestro planeta.

4 Escuchar

Escucha el CD y completa.

TAMBIÉN DEBERÍAS SABER QUE LA TIERRA...

1. Nos sirve de hotel. En él hospedamos más de ...... millones de personas.
2. Se queda congelada porque la temperatura en el polo sur llega a ...... °C y, en el polo norte, a ...... °C.
3. Tiene una amiga. La vecina luna describe la órbita a sólo ...... Km de ella.
4. Es hospitalaria. Acoge a ...... millones de especies animales y vegetales identificadas. ¡Pero hay muchísimas más!

Muy interesante Junior, junio de 2006.

Salvar a las ballenas (1)

Interviene un grupo de amigos con el Tío Jonás para salvar a una ballena.

PATRÓN DEL BARCO BALLENERO[1] – ¡Fuera de ahí[2], que me vais a espantar[3] la ballena! ¡Fuera! ¡Fuera!

TÍO JONÁS – Tenemos el mismo derecho que vosotros a navegar por esta agua.

PATRÓN – A navegar sí, pero no a impedir la pesca. Las ballenas que pasan por aquí son nuestras.

PEPINA – Las ballenas no son de nadie y tienen derecho a que las dejen tranquilas, porque ellas no se meten con nadie[4].

PATRÓN (*Al ver aparecer una ballena tras el barco del Tío Jonás.*) – ¡Allí está! ¡Fuera!

ANA – No nos movemos.

Pepina y Ana extienden una pancarta en la que se lee «Salvad a las ballenas».

PATRÓN – Una manifestación, estáis intentando organizar una manifestación sin permiso.

1. *baleinier* 2. *(ici) hors d'ici, fichez le camp*
3. *(ici) effrayer*
4. *elles ne font de mal à personne*

1 Comprender...

1. **Apunta los argumentos del grupo de defensores de las ballenas para defenderlas.**
2. **Di cómo intentan proteger a la ballena cuando aparece.**

Salvar a las ballenas (2)

Después de la manifestación, el Tío Jonás está en la cárcel[1]*. Ana y Pepina vienen a verlo.*

PEPINA (*Con indignación.*) – Os libraremos[2]. Se lo diremos al alcalde[3] y os libraremos.

ANA – No pueden encerraros sólo por haber intentado salvar una ballena.

PEPINA – No tienen ningún derecho. Os sacaremos.
(*Dirigiéndose al público.*) Escribiremos cientos de cartas a las autoridades.
¿Os gustaría también a vosotros salvar a las ballenas, a las tortugas, a las focas y a los elefantes?
Vamos a decir lo que pensamos, porque cuando muchos quieren una cosa, los que mandan[4] no pueden hacer lo contrario.

Luis Matilla, *Teatro para armar y desarmar*, 1997.

1. *prison* 2. librar: *libérer* 3. *au maire*
4. *dirigent (commandent)*

2 Comprender

1. ¿Dónde está el tío Jonás?
2. ¿Quién lo librará?
3. ¿A quién escribirá Pepina?

3 Escuchar

Escucha el CD y completa.

PROTEGER A LAS BALLENAS

1. La ballena franca austral es:
- a la más amenazada de las ballenas.
- b la que tiene poblaciones más grandes.

2. Antes de la explotación comercial el número de individuos era de:
a 60.000. b 70.000. c 80.000.

3. Hoy, la población se estima en todo el mundo en:
a 800 individuos. b 1.800 individuos. c 8.000 individuos.

4. ¿Dónde son más numerosas las ballenas hoy día?
a En el hemisferio norte. b En el hemisferio sur.

5. La población de las ballenas francas de Península Valdés se compone aproximadamente de:
a 600 individuos. b 3.600 individuos.

www.conexionsolidaria.org/ONG/icb/info.htm

Escribir 4

Le escribes una carta al alcalde (o a otra persona) para explicarle por qué hay que proteger a las ballenas (u otro animal). Le expones dos argumentos.

¿Qué van a hacer con los animales?

Nando, un chico, y el alcalde[1] del pueblo, acaban de descubrir que están destruyendo el bosque con excavadoras[2].

ALCALDE – ¡Alto, alto, deténganse[3]! Soy el Alcalde, soy el Alcalde. Nadie tiene derecho a entrar en nuestros bosques sin mi permiso.

CAPATAZ[4] – No me diga. Pues hace quince días, los que mandan[5] en la ciudad y en ustedes, han decidido que pase por aquí una carretera.

ALCALDE – ¡Cómo que una carretera, si ya pasa otra a quince kilómetros!

NANDO – Si hacen una carretera que cruce el bosque matarán a todos nuestros animales.

CAPATAZ – La carretera se hace para los turistas que no quieren perder tanto tiempo en llegar a la playa.

NANDO – ¿Qué van a hacer con los animales?

CAPATAZ – Nos los llevamos. Cuando se abra la carretera podrían molestar[6] a los turistas.

NANDO – ¿Dónde los meterán?

CAPATAZ – Eso no es asunto nuestro.

NANDO – Todo está lleno de carreteras y de fábricas y de tierras sin árboles. ¿Dónde quieren que se metan los animales? Aquí estaban en su casa.

CAPATAZ – Chico, no molestes más, las órdenes son las órdenes.

Luis Matilla, *Teatro para armar y desarmar*, 1997.

1. *le maire* 2. *pelleteuses* 3. *arrêtez-vous!*
4. *contremaître* 5. mandar: *commander*
6. molestar: *déranger, ennuyer*

1 Comprender...

1. Di por qué construyen una carretera en medio del bosque.
2. ¿Por qué le parece absurdo al alcalde?
3. Según lo que dice Nando, ¿cuáles serán las consecuencias?

Fíjate bien

Le futur dans la subordonnée

- La sociedad sostenible es aquella que podremos imaginar **cuando** nosotros **seamos** diferentes....

Decir 2

Di lo que va a pasar en este dibujo.

Dilo bien

- la excavadora
- la tuerca: *le boulon*
- la llave: *la clé*
- el oso: *l'ours*
- destornillar: *dévisser*

3 Actuar

Par groupes de deux.

1. **Después de leer atentamente el texto, busca un eslogan que permita ilustrar el anuncio.**
2. **Dilo a tus compañeros y explícalo.**

Chapitre 9

Unité 4

Paisajes que no veremos más

Son cuatro de los muchos paisajes españoles que, según los estudiosos, están condenados a desaparecer si no se detiene el cambio climático.

ABC Semanal, junio de 2006.

1 El glaciar Aneto, el más alto de España, ha pasado de 629 hectáreas en 1984 a 90 en la actualidad.

2 Las playas cantábricas desaparecerán a causa del aumento del nivel del mar producido por el calentamiento global.

3 El delta del Ebro será uno de los primeros en perderse por la intrusión de agua salada.

1 Decir...

Explica lo que pasará para cada uno de estos cuatro paisajes si no se detiene el cambio climático.

4 El ecosistema de Doñana es un área natural que se verá anegada por las aguas del mar.

2 Escuchar

Escucha el CD y completa.

TIGRES EN PELIGRO

1. a Hoy, los hombres ya no matan tigres.
   b Hoy, cada año mueren 65 tigres.
   c Hoy, cada día muere un tigre.

2. En los años 1900 vivían en estado salvaje:
   a 800 mil tigres. b 80 mil tigres.
   c 8 mil tigres.

3. Sólo quedaban 4.800 tigres en ....

4. Los expertos piensan que en 10 años ya no ....

Por Tania Cacique, *Grupo Reforma*, 2006.

Ejercicios

Conjuga los verbos en futuro.

(*Attention, après quizá, l'idée de futur s'exprime avec le subjonctif*).

La generación de Leonor

La sociedad en que *(crecer)* y *(desenvolverse)* la generación de Leonor *(ser)* más heterogénea cultural y étnicamente que la de hoy. Esa diversidad (*llevar*) a los jóvenes a formarse y trabajar en diversos países, y quizá (*necesitar*) conocer árabe y chino además de inglés. Se (*independizar*) antes que sus padres y (*vivir*) más años que ellos en un mundo con un desarrollo tecnológico imposible de imaginar.

Por María del Mar Rodríguez,
Magazine de la Vanguardia, 20 de noviembre de 2005.

Actuar 3

Busca un argumento a favor de la lucha contra el calentamiento global. Después, intercambia tus argumentos con tus compañeros.

Vamos a ver

Le futur

1. Les verbes réguliers

Hablar	Comer	Vivir
hablaré	comeré	viviré
hablarás	comerás	vivirás
hablará	comerá	vivirá
hablaremos	comeremos	viviremos
hablaréis	comeréis	viviréis
hablarán	comerán	vivirán

Escribe las frases en futuro.

1. Visitar el parque.
   → Mañana, yo...
2. Escribir al alcalde.
   → Mañana, los chicos...
3. Viajar a España.
   → El verano que viene, nosotros...

2. Les verbes irréguliers

decir	→ **dijé**	salir	→ **saldré**
hacer	→ **haré**	tener	→ **tendré**
poder	→ **podré**	valer	→ **valdré**
poner	→ **pondré**	venir	→ **vendré**
querer	→ **querré**	hay	→ **habrá**
saber	→ **sabré**		

Contesta en futuro.

1. ¿Cuándo vas a ir a España?
   → ...... en verano.
2. ¿Cuándo van a hacerlo?
   → ...... en invierno.
3. ¿Cuándo vais a salir de paseo?
   → ...... por la tarde.
4. ¿Cuándo vas a estudiar?
   → ...... por la noche, en casa.

Le futur dans la subordonnée

Dans la subordonnée, l'idée de futur est rendue par le subjonctif présent.

- Los animales desaparecerán **cuando se abra** la carretera.

Escribe en futuro, según el modelo.

Exemple :
Si termino los deberes, voy a dar un paseo.
→ Cuando termine los deberes, daré un paseo.

1. Si me lo pides, te regalo una mascota.
2. Si llueve, jugamos en casa.
3. Si quieres, vamos de viaje.
4. Si hace sol, nos bañamos.

Le futur d'hypothèse

Le futur permet d'exprimer une hypothèse.

- Este hombre **será** un cazador.
  Cet homme doit être un chasseur.

- Tendrá unos veinte años.
  Il doit avoir environ vingt ans.

- ¿Qué hora será?
  Serán las ocho.
  Quelle heure peut-il bien être ?
  Il doit être vingt heures.

Le conditionnel

Comme le futur, il se forme avec l'infinitif.
On ajoute les terminaisons de l'imparfait.

Infinitif + ía / ías / ía / íamos / íais / ían

Juegos

1. Como gotas de agua

➜ Se diría que estos dos barcos se parecen como gotas de agua. Pero, si te fijas bien, verás 7 diferencias entre ellos.

2. Trabalenguas

➜ Escucha y pronuncia bien.

El suelo está enladrillado,
¿quién lo desenladrillará?
el desenladrillador que lo desenladrillare
un buen desenladrillador será.

69

3. Merienda campestre

Estos cuatro amigos se han ido al campo.
A Tamara no le gusta el jamón ni bebe nada que tenga gas.
Carlos está sentado al lado de Rosa y no comerá sardinas.
El chico que no es Carlos se comerá un bocadillo de jamón y beberá agua.

➜ Di dónde están Rosa, Tamara, Carlos y Chucho.

ÉVALUATION

1. Vacaciones en Andorra

Après avoir regardé cette publicité, imagine que tu décides d'aller en Andorre. Dis ce que tu feras.

- **J'évalue ma capacité à** parler d'un projet.
- **Je devrais pouvoir** utiliser le futur.

Mon évaluation :

2. ¿Qué pasará?

Explique ce que fera le chasseur avec la peau du serpent *(la piel de la serpiente)*.

♦ **J'évalue ma capacité à** parler d'une action à venir.

♦ **Je devrais pouvoir** utiliser le futur.

Mon évaluation :

3. Salvar el planeta

TÂCHE

Je convaincs mes camarades de classe de l'importance de réagir pour sauver la planète.
Je choisis une cause (la forêt, l'eau, un animal, l'air, etc.) et j'argumente.

♦ **J'évalue ma capacité** à exposer des arguments

♦ **Je devrais pouvoir** utiliser le futur

Mon évaluation :

Acapulco (México)

Islas Galápagos

Lugares de América

Estoy situado a una altura de 3.810 metros sobre el nivel del mar. ¿Quién soy?

Lago Titicaca (los Andes)

El Amazonas

México

Las cataratas del Iguazú

La pampa argentina

10

De viaje

MICRO-TÂCHES

- **Raconter des événements passés**
- **Résumer une histoire**
- **Découvrir quelques pays d'Amérique latine**
- **Raconter un voyage, dire ce que l'on a pu voir dans un pays**
- **Envoyer une carte postale virtuelle par Internet**

TÂCHE

- **Dans une enquête policière, témoigner et raconter des faits au passé.**

OBJECTIFS LINGUISTIQUES

- **Le passé composé**
- **Le passé simple des verbes réguliers et irréguliers**

Solución: el lago Titicaca.

Unité 1

Una niña en el Amazonas

Nadia tiene 14 años. Vive en el Amazonas con su padre, Santos, que trabaja de guía[1].

– Parece que conoces muy bien esta región, Santos. ¿Cuánto hace que vives aquí? –preguntó Carías al guía.

– Toda la vida. No podría vivir en otra parte –replicó éste.

– ¿Y esta niña, no va a la escuela? –Y Carías estiró la mano, pero Borobá, el mono[2] de Nadia, le mostró los dientes.

– No tengo que ir a la escuela. Sé leer y escribir –dijo Nadia.

– Nadia también conoce la naturaleza, habla inglés, español, portugués y varias lenguas de los indios –añadió el padre.

– También sé hablar con los animales –lo interrumpió Nadia. Una carcajada[3] general recibió las palabras de Nadia.

Isabel Allende, *La ciudad de las bestias*, 2002.

1. *comme guide* 2. *le singe* 3. *un éclat de rire*

1 Comprender...

Lee el texto varias veces y completa.

NADIA: ALGUNOS DATOS	
Edad	
Nació en...	
Residencia	
Mascota	
Idiomas	
Particularidad	

Escuchar 2

Escucha el CD y completa.

UNA AVENTURA EN BRASIL

Este fin de semana pasarán una película, en Disney Channel, que te va a .... Se trata de una huerfanita llamada Tainá que se queda sola en medio de la ...... amazónica de Brasil. Un grupo de cazadores quiere capturar a los animales del lugar. Como desde pequeña le enseñaron a cuidar la ......, Tainá decide defender a los animales y vive una aventura llena de emoción y peligro.
Logra salvar a muchos de ellos, como a Catú, un ...... que se vuelve su mejor amigo y la acompaña a ....

Por Tania Cacique, *Grupo Reforma*, 11/06/2004.

3 Escuchar

Escucha en el CD la verdadera historia de la actriz que hace el papel de Tainá y contesta.

TODA UNA ACTRIZ

1. ¿Dónde vivía la chica?
   - a En una ciudad.
   - b En la selva.
   - c En una zona rural.

2. ¿Qué hacía antes de convertirse en una estrella?
   - a Iba a la escuela.
   - b Trabajaba en el campo.
   - c Trabajaba en la televisión.

3. Esta chica se llama...
   - a Paula.
   - b Eunice.
   - c Aurora.

4. ¿Qué ha aprendido la chica hoy?

Por Tania Cacique, *Grupo Reforma*, 11/06/2004.

4 Decir...

Imagina que vuelves de un viaje a Guatemala.
Explica en primera persona lo que visitaste.
Puedes valerte del texto informativo y de las fotos.

Ejercicios

Écris au passé simple.

1. La huerfanita llamada Tainá se queda sola en la selva amazónica.
2. Tainá decide defender a los animales.
3. La niña vive una aventura llena de emoción y peligro.
4. Logra salvar a muchos de los animales.
5. Un mono se convierte en su mejor amigo.

Fíjate bien

Le passé composé

he	+ *participe passé*
has	hablado
ha	comido
hemos	vivido
habéis	
han	

Le passé simple

Hablar	Comer	Vivir
hablé	comí	viví
hablaste	comiste	viviste
habló	comió	vivió
hablamos	comimos	vivimos
hablasteis	comisteis	vivisteis
hablaron	comieron	vivieron

Unité 2

1 Escuchar

Escucha el CD y completa.

LIMA

1. ¿En qué año fue fundada Lima? ....
2. En aquella época, Lima se convirtió en la ciudad ...... de América.
3. ¿Cuántos habitantes tiene hoy? Tiene más de ....
4. Lima acoge a muchos inmigrantes. Hoy se ha convertido en una ciudad ....

www.peru.info/peru.asp

Fauna peruana

El Perú es un país privilegiado que acoge una gran diversidad de especies animales y vegetales con las que el hombre ha logrado[1] convivir en armonía durante miles de años.

Criaturas como el cóndor, la serpiente o el puma entre otros, fueron adorados por el antiguo poblador peruano que los inmortalizó en cerámicas y monumentos al establecer las primeras civilizaciones, rindiendo así homenaje[2] a su belleza y poderío[3].

Otras especies han sido y son aprovechadas como alimento o como materia prima[4] para las creaciones del hombre. Algunos animales establecieron con el hombre una relación de interdependencia que ha durado miles de años y que es mantenida principalmente por el hombre que no vive en las grandes ciudades.

www.peru.info

1. *a réussi à* 2. *rendant ainsi hommage* 3. *puissance*
4. *matière première*

2 Comprender

Lee atentamente el texto y apunta:
– el nombre de los tres animales adorados por las antiguas poblaciones peruanas;
– la frase que remite perfectamente a la llama.

Plaza de San Martín (Lima).

En una calle de Cuzco.

Actuar 3

Entra en esta dirección:
http://www.peru.info/peru.asp
Haz clic en «¿Dónde quisieras ir?». Luego haz clic en «Norte» y luego en «Amazonas». Lee el texto, visita las diferentes galerías. Después, explica a tus compañeros lo que más te ha llamado la atención.

Tren para Machu Picchu.

Fíjate bien

Le passé simple des verbes à alternance

Convertir

convertí
convertiste
convirtió
convertimos
convertisteis
convirtieron

4 Escribir

Entra en esta dirección:
http://www.peru.info/s_ftomultimedia.asp
Selecciona «Postales». Elige el tema.
Manda una postal a un amigo y explícale lo que te ha gustado en la página web sobre el Perú.

Chapitre 10

Unité 3

El sueño de un aventurero

Cuando Omar salía del colegio, iba hasta el puerto y miraba fascinado las embarcaciones que llegaban. Tanto es así que, por aquella época, una avispa[1] entró en su boca, le picó en la lengua, y por ello estuvo a punto de morir. Desde entonces, seguía mirando los barcos con la misma fascinación, pero con la boca bien cerrada. Se acercaba con una gran sonrisa a los forasteros[2], y, a cambio de hacerles de guía[3] o llevarles las maletas, les pedía que le hablaran[4] de sus países. Soñaba que, algún día, él también recorrería[5] el mundo, como su padre, en un hermoso barco, donde viviría las más increíbles aventuras.

Cuca Canals, *La hescritora*, 1998.

1. *une guêpe* 2. *les étrangers* 3. *leur servir de guide* 4. *il leur demandait de lui parler* 5. *parcourrait*

1 Comprender...

1. ¿Cuál de estos sentimientos corresponde mejor a lo que experimentaba el niño cuando iba al puerto?
- **a Curiosidad.**
- **b Cólera.**
- **c Fascinación.**
- **d Aburrimiento.**

2. ¿Dónde le picó la avispa?
- **a En la mano.**
- **b En la boca.**
- **c En el cuello.**

3. El niño llevaba maletas para...
- **a ganar algún dinero.**
- **b pagarse el viaje en barco.**
- **c escuchar las historias de los marineros.**

4. El niño fue la primera persona de la familia fascinada por el mar.
¿ Sí o no ? Justifica citando una frase del texto.

Fíjate bien

Le passé simple irrégulier

Un certain nombre de verbes ont un passé simple irrégulier. On les appelle les « prétérits forts ». Ils ne portent aucun accent écrit.

decir → dije, dijiste, dijo, dijimos, dijisteis, dijeron

estar → estuve, estuviste, estuvo, estuvimos, estuvisteis, estuvieron

hacer → hice, hiciste, hizo, hicimos, hicisteis, hicieron

querer → quise, quisiste, quiso, quisimos, quisisteis, quisieron

La lora

La acción pasa en Colombia.

Por esa época empecé a aficionarme a los animales. Primero a las hormigas[1], que siempre me habían gustado. Luego a las arañas[2] y también a los pájaros. Papá había hecho un viaje a la sierra de Perijá, cerca de la frontera con Venezuela, y había traído una cantidad de regalos : lanzas de madera, arcos y flechas, marionetas, vasijas[3] y, sobre todo, una hermosa y verde lora, una lorita que, tras conciliábulo familiar, bautizamos con el nombre de Pascuala.

Santiago Gamboa, *Vida feliz de un joven llamado Esteban*, 2000.

1. *les fourmis* 2. *les araignées* 3. *poteries*

2 Decir...

1. Di lo que le gustaba al niño en aquella época.
2. Explica adónde fue el padre y di lo que trajo a casa.
3. Di cuál fue el regalo más bonito.

3 Actuar

Imagina que fuiste de viaje a Puebla. Explica lo que has visto y lo que te ha gustado.

Dilo bien

- la cumbre: *le sommet*
- nevado,a: *enneigé,e*
- una pirámide: *une pyramide*
- precolombino,a: *précolombien,enne*
- el folklore: *le folklore*
- las especialidades: *les spécialités*

Vamos a ver

Le passé simple

1. Les verbes réguliers

Hablar	Comer	Vivir
hablé	comí	viví
hablaste	comiste	viviste
habló	comió	vivió
hablamos	comimos	vivimos
hablasteis	comisteis	vivisteis
hablaron	comieron	vivieron

Remarque : l'accent est toujours écrit à la 1re et à la 3e personnes du singulier.

2. Les verbes *pedir* (i), *sentir* (i-ie), *dormir* (u-ue)

pedí	sentí	dormí
pediste	sentiste	dormiste
pidió	sintió	durmió
pedimos	sentimos	dormimos
pedisteis	sentisteis	dormisteis
pidieron	sintieron	durmieron

3. Les verbes irréguliers

estar → estuve, estuviste, estuvo, estuvimos, estuvisteis, estuvieron

andar → anduve, anduviste, anduvo, anduvimos, anduvisteis, anduvieron

tener → tuve, tuviste, tuvo, tuvimos, tuvisteis, tuvieron

querer → quise, quisiste, quiso, quisimos, quisisteis, quisieron

venir → vine, viniste, vino, vinimos, vinisteis, vinieron

hacer → hice, hiciste, hizo, hicimos, hicisteis, hicieron

decir → dije, dijiste, dijo, dijimos, dijisteis, dijeron

traer → traje, trajiste, trajo, trajimos, trajisteis, trajeron

conducir → conduje, condujiste, condujo, condujisteis, condujeron

poder → pude, pudiste, pudo, pudimos, pudisteis, pudieron

poner → puse, pusiste, puso, pusimos, pusisteis, pusieron

saber → supe, supiste, supo, supimos, supisteis, supieron

ser → fui, fuiste, fue, fuimos, fuisteis, fueron

ir → fui, fuiste, fue, fuimos, fuisteis, fueron

hay → hubo

Remarque : il n'y a jamais d'accent écrit sur les passés simples irréguliers.

1. Conjugue au passé simple.

a. Cristóbal Colón descubre América.

b. El turista saca muchas fotos

2. Écris au pluriel.

a. Anduvo por la selva.

b. Vio las cataratas del Iguazú.

Juegos

1. Sopa de tortuga

I	T	U	P	C	R	B	A
P	U	M	A	O	S	O	N
A	C	O	S	N	I	A	A
R	A	N	A	D	O	S	C
E	N	O	L	O	R	O	O
A	T	I	G	R	E	H	N
J	A	V	I	S	P	A	D
B	R	I	H	Z	A	C	A

→ **Busca en la sopa de letras 11 nombres de animales.**

2. ¿Quién atracó el banco?

→ Atracaron un banco. Tres testigos dicen lo que han visto. Escucha el CD y di cuál de los cuatro es el culpable.

3. Trabalenguas

La cabra y el cocodrilo cantan bajo el cocotero.

Tres tristes tigres comían trigo.

→ Escucha y pronuncia bien.

ÉVALUATION

1. Rellenar un cupón

Vos podés ser parte de la solución

Asociate a la Fundación Vida Silvestre Argentina y ayudanos a proteger a la naturaleza

FUNDACIÓN VIDA SILVESTRE ARGENTINA

Recibirás en tu domicilio la revista Vida Silvestre

Socio Colaborador $4 mensuales

Socio Adherente $8 mensuales

Socio Activo $25 mensuales

Socio Protector $84 mensuales

Completá tus datos y envialos. Según la categoría elegida, te ofrecemos regalos y descuentos en productos y servicios.

Quiero participar como	Mensuales*	Trimestrales	Anuales
Socio Colaborador	☐ $ 4	☐ $ 12	☐ $ 48
Socio adherente	☐ $ 8	☐ $ 24	☐ $ 96
Socio activo	☐ $ 25	☐ $ 75	☐ $ 300
Socio protector	☐ $ 84	☐ $ 250	☐ $ 1000

*Sólo con tarjeta de crédito

Nombre y Apellido: ____________

Fecha de nacimiento: __/__/__ DNI/LC/LE: ____________

Domicilio: ____________

Piso: ____ Dpto: ____ Localidad: ____________

C.P. ________ Pcia. ________ País: ________

Teléfono: (____) ________ Ocupación: ________

@mail: ____________

Conocía a la FVSA a través de: ____________

Forma de pago:

☐ Efectivo ☐ Cheque ☐ Giro Postal

Tarjeta ☐ Visa ☐ American Express ☐ Diners ☐ Mastercard ☐ Italcred ☐ Cabal

Cheques a nombre de Fundación Vida Silvestre Argentina, no a la orden.

Autorizo a que debiten automáticamente de mi tarjeta:

☐☐☐☐☐☐☐☐☐☐☐☐☐☐☐☐

Vencimiento: __/__/__

Firma: ____________

Aclaración de firma: ____________

Por este sistema renovaremos su aporte año a año. Rogamos comunicar si anula su autorización.

Llamanos al (011) 4331-3631 ó 4

hoy mismo tu cupón por fax (int. 24) o

(C1065AAC)

Recopie ce formulaire complété ou complète-le directement dans le cahier d'activités.

- **J'évalue ma capacité à** remplir un formulaire.
- **Je devrais pouvoir** comprendre les intitulés des rubriques.

Mon évaluation :

2. Una investigación

TÂCHE

Je raconte à un ami l'histoire de cette enquête policière. J'explique pourquoi l'alibi du suspect est faux.

- **J'évalue ma capacité** à raconter une histoire passée.
- **Je devrais pouvoir utiliser** les différents temps du passé.

Mon évaluation :

Mémento grammatical

L'alphabet

a – b – c – ch – d – e – f – g – h – i – j – k – l – ll – m – n – ñ – o – p – q – r – s – t – u – v – w – x – y – z

• ***Trois lettres qui n'existent pas dans l'alphabet français : ch, ll, ñ.***

• ***Les lettres sont du genre féminin : la a, la b.***

la vocal: *la voyelle*

la consonante: *la consonne*

L'accentuation

Un mot espagnol comporte toujours une syllabe plus accentuée que les autres : elle porte l'accent tonique.

1. ***Un mot terminé par une voyelle, -s ou -n est accentué sur l'avant-dernière syllabe :***

la chica – me llamo – chileno

2. ***Un mot terminé par une consonne (sauf -n et -s) est accentué sur la dernière syllabe :***

español – la ciudad – trabajar

3. ***Lorsqu'il y a exception à ces règles, l'accent est toujours écrit sur la voyelle accentuée :***

París – Francés – México

4. ***La place de l'accent tonique ne change pas lorsque le mot est au pluriel :***

francés → franceses

joven → jóvenes

5. ***Toute voyelle en contact avec un -i ou un -u forme une diphtongue qui ne « compte » que pour une seule syllabe :***

veinte – siete – cuatro – causa

La diphtongue est brisée lorsqu'il y a un accent écrit :

el día – reúne

6. ***Il y a toujours un accent écrit sur les mots interrogatifs et exclamatifs :***

¿Quién? – ¿Cómo? – ¿Cuándo?

¡Qué bien!

7. ***L'accent écrit différencie les mots homonymes :***

el *(article : le)* et él *(pronom personnel : il).*

Le genre : masculin et féminin

1. ***Les noms, les adjectifs et les participes terminés par -o au masculin ont leur féminin en -a :***

el hermano → la hermana

bonito → bonita

casado → casada

2. ***Les noms terminés en -or ont leur féminin en -ora :***

el profesor → la profesora

Exception : el actor → la actriz

3. ***Les noms et adjectifs de nationalité ont leur féminin en -a :***

español → española

alemán → alemana

4. ***Les adjectifs en -án, -ín, -ón, -or font leur féminin en -a :***

chiquitín → chiquitina

Exceptions : mayor, menor, peor, *etc. qui ne s'accordent pas en genre.*

5. ***Les autres adjectifs et participes sont identiques au masculin et au féminin :***

un rey competente → una reina competente

un cuadro celeste → una camisa celeste

6. ***Les mots en -or sont masculins :***

el color

Exceptions : la flor, la coliflor, la labor, la sor.

7. ***Les noms de rivières, fleuves, mers sont masculins :***

el Sena – el Mediterráneo

8. ***Certains mots terminés en -a sont du genre masculin :***

el poeta – el artista...

Le nombre : formation du pluriel

1. ***Les noms et adjectifs terminés par une voyelle forment leur pluriel en ajoutant un -s :***

el hombre → los hombres
simpático → simpáticos

2. ***Les noms et adjectifs terminés par une consonne, une voyelle accentuée ou un -y forment leur pluriel en ajoutant -es :***

la capital → las capitales
el rey → los reyes
el jabalí → los jabalíes

3. ***Les noms terminés par un -z forment leur pluriel en -ces :***

la actriz → las actrices
la luz → las luces

Attention !

el lunes → los lunes
el martes → los martes, etc.

L'article défini

	Français	Espagnol
masc. / fém.	*le / la*	el / la
masc. / fém.	*les / les*	los / las

1. ***Avec la préposition a et la préposition de :***

Ex. : Voy al colegio. *Je vais au collège.*
a + el → al

Ex. : Vuelven del restaurante.
Ils reviennent du restaurant.
de + el → del

2. ***On emploie el (et non la) devant un nom féminin commençant par a ou ha accentués :***

el agua *mais* las aguas
el agua fresca *(l'adjectif est au féminin)*
el hacha *mais* las hachas

3. ***On emploie toujours la, las pour donner l'heure :***

Son las ocho. *Il est huit heures.*
Es la una. *Il est une heure.*

4. ***Il n'y a pas d'article dans les expressions :***

ir a casa – estar en casa – ir de pesca
por primera vez – por última vez

5. ***Il n'y a pas d'article défini devant la plupart des noms de pays non déterminés :***

España, Francia y Portugal son países de la Unión Europea.
L'Espagne, la France et le Portugal sont des pays de l'Union Européenne.

Mais lorsque le pays est déterminé, il y a un article :

La España de los años 80.
L'Espagne des années 80.

L'article neutre : lo

Il n'est jamais employé devant un nom.
Devant un adjectif ou un participe passé, il correspond au français « ce qui est ».

Lo interesante: *ce qui est intéressant*
Lo que: *ce qui, ce que*
Lo que me llama la atención:
ce qui attire mon attention.

L'article indéfini

masculin : un → un *féminin : une* → una
des → (unos, unas)

1. ***L'article indéfini pluriel « des » n'a pas d'équivalent en espagnol :***

Leo libros interesantes.
Je lis des livres intéressants.

2. ***Les formes unos, unas expriment une approximation :***

Cuesta unos mil euros.
Cela coûte environ mille euros.

Hicieron unas preguntas.
Ils posèrent quelques questions.
(Dans ce sens équivaut à **algunas***).*

3. ***L'article partitif du, de n'existe pas en espagnol.***

Voy a comer pan. *Je vais manger du pain.*
¿Quieres vino? *Veux-tu du vin ?*

Mémento grammatical

L'adjectif possessif

	ESPAGNOL		FRANÇAIS
	devant le nom	*après le nom*	
singulier	mi tu su nuestro, nuestra vuestro, vuestra su	mío, mía tuyo, tuya suyo, suya nuestro, nuestra vuestro, vuestra suyo, suya	*mon, ma* *ton, ta* *son, sa* *notre* *votre* *leur*
pluriel	mis tus sus nuestros, nuestras vuestros, vuestras sus	míos, mías tuyos, tuyas suyos, suyas nuestros, nuestras vuestros, vuestras suyos, suyas	*mes* *tes* *ses* *nos* *vos* *leurs*

Il existe deux formes de l'adjectif possessif :
– *devant le nom :* mi hermano ; tu coche
– *après le nom :* un hermano mío ; una idea suya

Remarque :
En espagnol on n'emploie pas l'adjectif possessif quand l'identité du possesseur est évidente.
• Me pongo los vaqueros. *Je mets mon jeans.*
• Se quita la camisa. *Il enlève sa chemise.*

L'adjectif démonstratif

Espagnol	Français
este, ese, aquel	*ce, cet*
esta, esa, aquella	*cette*
estos, esos, aquellos	*ces*
estas, esas, aquellas	*ces*

Les démonstratifs permettent de donner une indication de temps et/ou d'espace.

1. ***Les démonstratifs* este, esta, estos, estas *correspondent à* yo, aquí, ahora *(moi, ici, maintenant).***
Estudio en esta escuela.
J'étudie dans cette école (dans laquelle je me trouve).

2. ***Les démonstratifs* ese, esa, esos, esas *correspondent à* tú, vosotros, usted, ahí *(toi, vous, là). Ils indiquent donc un éloignement relatif dans le temps et l'espace.***
¿Es tuya esa casa?
Cette maison (qui est là) est-elle à toi ?

3. ***Les démonstratifs* aquel, aquella, aquellos, aquellas *indiquent un éloignement certain dans le temps et l'espace. Ils correspondent à* allí, allá *(là-bas).***
Ils permettent de situer hors de l'espace et du temps de celui qui parle.
Aquel año nevó mucho.
Cette année-là, il a beaucoup neigé.
Cuando era niño, vivía en aquella calle.
Quand j'étais enfant, je vivais dans cette rue.

Remarque :
L'accent écrit permet de distinguer les pronoms des adjectifs démonstratifs.
Me gusta este libro. *J'aime ce livre.*
Me gusta éste. *J'aime celui-ci.*

éste, ése, aquél	*celui-ci, celui-là, celui-là (plus éloigné)*
ésta, ésa, aquélla	*celui-ci, celle-là, celle-là*
éstos, ésos, aquéllos	*ceux-ci, ceux-là, ceux-là*
éstas, ésas, aquéllas	*celles-ci, celles-là, celles-là*

esto: *ceci* — aquello: *cela*
eso: *cela* — por eso: *c'est pourquoi*

Les indéfinis

1. algo: ***quelque chose***

2. alguien: ***quelqu'un***

3. alguno, alguna, algunos, algunas: ***quelque, quelques. Ils s'accordent en genre et en nombre avec le nom qu'ils déterminent.***
Devant un nom masculin singulier, alguno *devient* algún *(apocope).*

4. ninguna **mujer:** ***aucune femme***
ningún **hombre:** ***aucun homme***

5. nada: ***rien***

6. nadie: ***personne***

Remarque :
Il y a deux constructions pour nada, nadie, ninguno selon qu'ils sont placés avant ou après le verbe :

no + *verbe* + nada		nada + *verbe*
no + *verbe* + nadie	**ou**	nadie + *verbe*
no + *verbe* + ninguno, a		ningúno + *verbe*
		ninguna + *verbe*

no habla nadie → nadie habla

7. cada: ***chaque***
Mot invariable et toujours au singulier.
cada niño
cada niña

8.
- poco, poca, pocos, pocas: ***peu (de)***
- mucho, mucha, muchos, muchas: ***beaucoup (de)***
- bastante, bastantes: ***assez de***
- demasiado, demasiada, demasiados, demasiadas: ***trop de***
- tanto, tanta, tantos, tantas: ***autant de, tant de***

Ils s'accordent avec le nom qu'ils déterminent.
¡Hay tanta gente!
Il y a tant de gens.

Remarque :
Ils ne s'accordent pas avec les adjectifs.

9. otro, otra, otros, otras: ***autre, autres***
Il n'y a jamais d'article indéfini devant otro.
otra vez: *une autre fois*

L'apocope

On appelle apocope la perte de la voyelle finale ou de la dernière syllabe de certains adjectifs lorsqu'ils sont devant un nom.

1. alguno – ninguno – primero – tercero – bueno – malo *perdent le* -o *devant un nom masculin singulier.*
un chico bueno → un buen chico

2. cualquiera *perd le* -a *devant un nom singulier.*

3. grande *perd la syllabe* -de *devant un nom singulier.*
una casa grande → una gran casa

La numération

1. Uno ***devient*** un ***devant un nom masculin (apocope).***
¿Cuántas personas estaban presentes?
– Un hombre y veintiún niños.

2. Ciento ***devient*** cien ***:***
– devant un nom (apocope) : cien personas;
– devant un numéral qu'il multiplie : cien mil.

3. ***La numération*** *(voir p. 159)*
On emploie la conjonction y *entre les dizaines et les unités :*
130 : ciento treinta
133 : ciento treinta y tres

4. ***Les ordinaux***

primero, a	sexto, a
segundo, a	séptimo, a
tercero, a	octavo, a
cuarto, a	noveno, a
quinto, a	décimo, a

À partir de onze, on emploie l'adjectif cardinal :
Felipe segundo ; Carlos tercero
mais Alfonso doce.

Mémento grammatical

Le comparatif

1. *Le comparatif de supériorité :* más... que

La serpiente es más peligrosa que el lagarto.
Le serpent est plus dangereux que le lézard.

2. *Le comparatif d'infériorité :* menos... que

El lagarto es menos peligroso que la serpiente.
Le lézard est moins dangereux que le serpent.

3. *Le comparatif d'égalité :* tanto... como

*(*Tanto *devient* tan *devant un adjectif ou un adverbe.)*

El cocodrilo es tan peligroso como el tiburón.
Le crocodile est aussi dangereux que le requin.

4. *Comparatifs irréguliers*

bueno → mejor malo → peor
grande → mayor pequeño → menor

Le superlatif

1. *Le superlatif absolu*

– soit avec muy *devant l'adjectif*

Es una ciudad muy bella.
C'est une très belle ville.

– soit en ajoutant le suffixe -ísimo, -ísima, –ísimos, -ísimas

Es una ciudad bell**ísima**.

2. *Le superlatif relatif*

el más...: le plus
el menos...: *le moins*

Esta ciudad es la más antigua.
Cette ville est la plus ancienne.

Remarque :
Si le superlatif relatif se trouve après le nom, on ne met pas l'article défini.

la ciudad más antigua: *la ville la plus ancienne*

Les adverbes

Les adverbes de manière se forment à partir de l'adjectif qualificatif au féminin.

directo → directa → direct**amente**
rápido → rápida → rápid**amente**

Attention !
diferente → diferent**emente** fácil → fácil**mente**

Lorsque plusieurs adverbes se suivent, seul le dernier prend la forme en -mente*. Les premiers sont remplacés par l'adjectif au féminin.*

Llegan fácil, rápida y directamente.
Ils arrivent facilement, rapidement et directement.

Les pronoms personnels

1. *Les pronoms sujets*

Français	Espagnol
je, moi	yo
tu, toi	tú
il, lui/elle,	él, ella,
vous (politesse)	usted
nous	nosotros, as
vous	vosotros, as
ils, eux/elles,	ellos, ellas,
vous (politesse)	ustedes

2. *Les pronoms compléments introduits sans préposition*

Direct	Français	Espagnol
	me	me
	te	te
	le	lo, le, la
	nous	nos
	vous	os
	les	los, les, las

Indirect	Français	Espagnol
	me	me
	te	te
	lui	le
	nous	nos
	vous	os
	leur	les

Réfléchi	Français	Espagnol
	me	me
	te	te
	se	se
	nous	nos
	vous	os
	se	se

Remarque :
Le pronom complément d'objet direct : à la 3e personne, lorsqu'il représente une personne, on emploie les pronoms lo, los. On peut trouver parfois, le, les. Pour les choses, il faut impérativement employer lo, los.

3. *Pronoms compléments introduits par une préposition*

Français	Espagnol	avec la préposition con
moi	mí	conmigo
toi	ti	contigo
lui, elle	él, ella	con él, con ella
vous (politesse)	usted	con usted
(soi)	(sí)	(consigo)
nous	nosotros, as	con nosotros, as
vous	vosotros, as	con vosotros, as
eux, elles	ellos, ellas	con ellos, con ellas
vous (politesse)	ustedes	con ustedes
(soi)	(sí)	(consigo)

Attention !
*Pablo parle **de lui** (de Pablo, de lui-même).*
Pablo habla de sí.

*Pablo parle de Juan, il (Pablo) parle **de lui** (de Juan).*
Pablo habla de Juan, habla de él.

4. *La place du pronom personnel*
Il se place devant le verbe sauf à l'infinitif, à l'impératif et au gérondif où il est placé derrière le verbe et est soudé à lui (enclise).

Lo dice.
Voy a decirlo.
Dilo.
Diciéndolo.

Dans les deux cas, l'ordre des pronoms est le suivant :
a. *pronom complément d'objet indirect*
b. *pronom complément d'objet direct*

– Me lo explica.
(a) (b)
– Explícamelo.
(a) (b)

Attention !
Se lo explica (~~le lo~~ → se lo)
(a)(b) (a)(b) (a)(b)

Les pronoms relatifs

1. que
L'antécédent est une personne ou une chose :
El rey que gobierna es Juan Carlos.
Los poemas que los niños escriben son bonitos.

2. quien, quienes
L'antécédent est obligatoirement une personne.
*Lorsque **quien** est complément, il est précédé d'une préposition :*
El futbolista a quien admiras es Raúl.
Le footballeur que tu admires est Raúl.

3. • **el cual, la cual; los cuales, las cuales**
• **el que, la que; los que, las que**
L'antécédent est une personne ou une chose.
Es una fiesta en la que intervienen los Reyes Magos.
C'est une fête dans laquelle interviennent les Rois Mages.

Les équivalents de « on »

1. *3e personne du pluriel*
« On » dans le sens de « les gens », « quelqu'un ».
La personne qui parle ne fait pas partie de ce « on ».

Dicen que es una buena película.
On dit que c'est un bon film. (Les gens disent... Quelqu'un m'a dit...)

2. se + *3e personne du singulier ou du pluriel*
« On » dans le sens de « généralement ».
La personne qui parle peut faire partie de ce « on ».

En clase no se masca chicle.
En classe, on ne mâche pas de chewing-gum.

Attention !
– *Ne pas oublier l'accord.*
En Andalucía, en los campos se ven muchos toros.
– *Devant une personne :*
En la plaza se ve a un torero.
Se ve a tres banderilleros.

Mémento grammatical

3. Uno, una + 3e *personne du singulier*
La personne qui parle se cache derrière ce « on ». Dans ce cas, « on » est un équivalent de « je ».

Cuando **uno** lee este texto, se da cuenta...
Quand on lit ce texte, on se rend compte...
(= quand je lis ce texte)

Le gérondif

1. ***Il correspond au participe présent français.***
Hablando: *en parlant*
Comiendo: *en mangeant*

2. ***Il répond à la question ¿Cómo? et exprime la manière.***

¿Cómo te enteraste? **Leyendo** el periódico.
*Comment l'as-tu appris ? **En lisant** le journal.*

3. Estar + *gérondif* ***traduit une action en train de se faire.***

El alumno **está estudiando** la lección de gramática.
L'élève est en train d'étudier sa leçon de grammaire.

4. Ir + *gérondif* ***traduit une action en train de se dérouler progressivement.***

Con los libros, el niño **va descubriendo** el mundo.
Avec les livres, l'enfant découvre peu à peu le monde.

5. Seguir + *gérondif* ***traduit la continuité d'une action. C'est aussi l'équivalent de « continuer à », « continuer de ».***

Aunque el circo estaba vacío, los niños **seguían esperando**.
Bien que le cirque fût vide, les enfants continuaient à attendre (attendaient toujours).

Al + infinitif

al + *infinitif* ***est un équivalent de*** cuando + *verbe conjugué*. ***Il répond à la question « quand ? » et correspond à un participe présent français.***

Al entrar la reconoció.
En entrant, il la reconnut. (= Cuando entró, la reconoció.)

L'obligation

1. **L'obligation impersonnelle : « il faut »**

hay que + *infinitif*
hace falta + *infinitif*
es preciso + *infinitif*
es necesario + *infinitif*

En clase **hay que** escuchar.
En cours, il faut écouter.

2. **L'obligation personnelle**

tener que + *infinitif*
es preciso que + *subjonctif*
hace falta que + *subjonctif*
es necesario que + *subjonctif*

En México, **tengo que** hablar español.
Au Mexique, il faut que je parle espagnol.
(je dois parler espagnol).

En México **es preciso que** hable español.
Au Mexique, il faut que je parle espagnol.
(je dois parler espagnol).

Les prépositions

-a-

1. ***Le lieu où l'on va***

Voy **a** Madrid. Voy **a** España.
Je vais à Madrid. Je vais en Espagne.

2. ***Après un verbe de mouvement***
Va **a** hablar.
Il va parler.

3. ***Devant un COD de personne déterminée***
Reconozco **a** tu hermano.
Je reconnais ton frère.

-en-

1. ***Le lieu où l'on est***
   Estoy **en** Madrid.
   Je suis à Madrid.

2. ***Situe dans une époque***
   En el siglo XXI. Estamos **en** otoño.
   Au XXIe siècle. Nous sommes en automne.

-de-

1. ***Le lieu d'où l'on vient***
   Vengo **de** Madrid.
   Je viens de Madrid.

2. ***L'appartenance***
   El coche azul es **de** Paco.
   La voiture bleue est à Paco.

3. ***La matière***
   Una corona **de** oro.
   Une couronne en or.

4. ***La caractérisation***
   La chica **de** ojos azules.
   La fille aux yeux bleus.

-por-

1. ***Le lieu par où l'on passe, l'espace que l'on parcourt.***
   El turista pasea **por** París.
   Le touriste se promène dans Paris.

2. ***La cause***
   Por el color dorado el niño piensa que es un pez de oro.
   À cause de sa couleur dorée, l'enfant pense que c'est un poisson d'or.

3. ***Introduit le complément d'agent***
   El sapo fue capturado **por** el niño.
   Le crapaud fut capturé par l'enfant.

-para-

1. ***Pour exprimer le but***
   Estudio **para** ser arquitecto.
   J'étudie pour être architecte.

2. ***Pour exprimer le point de vue***
   Para mí, es un buen oficio.
   Pour moi, c'est un bon métier.

3. ***Pour exprimer la direction***
   Mañana, me voy **para** España.
   Demain, je pars pour l'Espagne.

4. ***Pour exprimer le destinataire***
   Eso es **para** ti.
   Ça, c'est pour toi.

Le mode indicatif

1. **Le futur**

Il peut servir à exprimer une hypothèse.

¿Qué intención tendrá el autor?
Quelle intention peut avoir l'auteur ?

Será un animal peligroso.
Ce doit être un animal dangereux.

2. ***Le passé composé et le passé simple***

a) ***Le passé composé exprime une action :***
– qui se poursuit jusqu'au présent de celui qui parle ;

He traído flores del jardín.
J'ai rapporté des fleurs du jardin.

– qui se situe dans un temps non achevé au moment où l'on parle.

Esta tarde he ido al cine.
Cet après-midi, je suis allé au cinéma.

b) ***Le passé simple exprime une action qui ne continue pas jusqu'au présent de celui qui parle.***

La semana pasada fui al cine.
La semaine dernière, je suis allé au cinéma.

Cristóbal Colón descubrió América en 1492.
Christophe Colomb a découvert l'Amérique en 1492.

NB : *En espagnol, le passé simple est beaucoup plus utilisé qu'en français.*

Mémento grammatical

Le mode subjonctif

1. *On l'emploie après les verbes exprimant la volonté, le souhait, l'ordre, suivis en français par « de » + infinitif.*

Te digo que vengas.
Je te dis de venir.

Te pido que vengas.
Je te demande de venir.

Te aconsejo que vengas.
Je te conseille de venir.

Te prohibo que vengas.
Je t'interdis de venir.

Te permito que vengas.
Je te permets de venir.

2. *On l'emploie après* querer que.

Quiero que vengas.
Je veux que tu viennes.

3. *On l'emploie pour traduire le futur dans les subordonnées temporelles, comparatives et relatives.*

Vendrás **cuando quieras**.
Tu viendras quand tu voudras.

Harás **como quieras**.
Tu feras comme tu voudras.

Dirás lo **que quieras**.
Tu diras ce que tu voudras.

4. *On l'emploie pour exprimer le doute après* quizás, tal vez...

Quizás venga mañana.
Peut-être viendra-t-il demain.

5. *On l'emploie pour exprimer une possibilité :* es posible que

Es posible que venga mañana.
Il est possible qu'il vienne demain.

6. *Pour exprimer la défense :* no + subjonctif

¡ven! → ¡no vengas!

7. *On emploie le subjonctif imparfait lorsque la principale est au passé.*

Quiero que hables. → Quería que hablaras.

Cela s'appelle la concordance des temps.

8. *On emploie le subjonctif imparfait après* como si.

Habla **como si** lo **supiera** todo.
Il parle comme s'il savait tout.

Les nombres cardinaux

0	cero
1	uno
2	dos
3	tres
4	cuatro
5	cinco
6	seis
7	siete
8	ocho
9	nueve
10	diez
11	once
12	doce
13	trece
14	catorce
15	quince
16	dieciséis
17	diecisiete
18	dieciocho
19	diecinueve
20	veinte
21	veintiuno
22	veintidós
23	veintitrés
24	veinticuatro
25	veinticinco
26	veintiséis
27	veintisiete
28	veintiocho
29	veintinueve

30	treinta
31	treinta y uno
32	treinta y dos
40	cuarenta
50	cincuenta
60	sesenta
70	setenta
80	ochenta
90	noventa
100	cien
101	ciento uno
102	ciento dos
200	doscientos, -as
300	trescientos, -as
400	cuatrocientos, -as
500	quinientos, -as
600	seiscientos, -as
700	setecientos, -as
800	ochocientos, -as
900	novecientos, -as
1000	mil *(invariable)*
1001	mil uno
1002	mil dos
2000	dos mil
2001	dos mil uno
3000	tres mil
1.000.000	un millón
1.000.000.000	mil millones *(un milliard)*

Attention ! un millar : *un millier*

Tableaux de conjugaison

LES VERBES RÉGULIERS

Infinitivo (*Infinitif*)	Presente de indicativo (*Indicatif présent*)		Presente de subjuntivo (*Subjonctif présent*)		Imperativo (*Impératif*)		Imperfecto de indicativo (*Indicatif imparfait*)	
Hablar *parler*	hablo hablas habla	hablamos habláis hablan	hable hables hable	hablemos habléis hablen	habla	hablad	hablaba hablabas hablaba	hablábamos hablabais hablaban
Comer *manger*	como comes come	comemos coméis comen	coma comas coma	comamos comáis coman	come	comed	comía comías comía	comíamos comíais comían
Vivir *vivre*	vivo vives vive	vivimos vivís viven	viva vivas viva	vivamos viváis vivan	vive	vivid	vivía vivías vivía	vivíamos vivíais vivían

LES VERBES À DIPHTONGUE E → IE O → UE

Pensar *penser*	pienso piensas piensa	pensamos pensáis piensan	piense pienses piense	pensemos penséis piensen	piensa	pensad	pensaba pensabas pensaba	pensábamos pensabais pensaban
Contar *raconter*	cuento cuentas cuenta	contamos contáis cuentan	cuente cuentes cuente	contemos contéis cuenten	cuenta	contad	contaba contabas contaba	contábamos contabais contaban

LES VERBES À AFFAIBLISSEMENT E → I

Pedir *demander*	pido pides pide	pedimos pedís piden	pida pidas pida	pidamos pidáis pidan	pide	pedid	pedía pedías pedía	pedíamos pedíais pedían

Même modèle pour : seguir, corregir, despedir, elegir, impedir, medir, servir, vestir, reír.

LES VERBES À ALTERNANCE E → IE ET I O → UE ET U

Sentir *sentir, ressentir*	siento sientes siente	sentimos sentís sienten	sienta sientas sienta	sintamos sintáis sientan	siente	sentid	sentía sentías sentía	sentíamos sentíais sentían

Même modèle pour : divertir, mentir, preferir, sugerir.

Dormir *dormir*	duermo duermes duerme	dormimos dormís duermen	duerma duermas duerma	durmamos durmáis duerman	duerme	dormid	dormía dormías dormía	dormíamos dormíais dormían

LES VERBES EN -ACER / -ECER / -OCER / -UCIR, TYPE CONOCER C → ZC

Conocer *connaître*	conozco conoces conoce	conocemos conocéis conocen	conozca conozcas conozca	conozcamos conozcáis conozcan	conoce	conoced	conocía conocías conocía	conocíamos conocíais conocían

Même modèle pour : nacer, obedecer, padecer, parecer, pertenecer, relucir.

LES VERBES EN -DUCIR, TYPE CONDUCIR C → ZC C → J

Conducir *conduire*	conduzco conduces conduce	conducimos conducís conducen	conduzca conduzcas conduzca	conduzcamos conduzcáis conduzcan	conduce	conducid	conducía conducías conducía	conducíamos conducíais conducían

Même modèle pour : deducir, introducir, producir, traducir, seducir.

Pretérito indefinido *(Passé simple)*	Imperfecto de subjuntivo *(Subjonctif imparfait)**	Futuro *(Futur)*	Condicional *(Conditionnel)*	Gerundio Participio pasivo *(Participe passé)*

LES VERBES RÉGULIERS

hablé hablamos hablaste hablasteis habló hablaron	hablara habláramos hablaras hablarais hablara hablaran	hablaré hablaremos hablarás hablaréis hablará hablarán	hablaría hablaríamos hablarías hablaríais hablaría hablarían	g. hablando p. p. hablado
comí comimos comiste comisteis comió comieron	comiera comiéramos comieras comierais comiera comieran	comeré comeremos comerás comeréis comerá comerán	comería comeríamos comerías comeríais comería comerían	g. comiendo p. p. comido
viví vivimos viviste vivisteis vivió vivieron	viviera viviéramos vivieras vivierais viviera vivieran	viviré viviremos vivirás viviréis vivirá vivirán	viviría viviríamos vivirías viviríais viviría vivirían	g. viviendo p. p. vivido

LES VERBES À DIPHTONGUE E → IE O → UE

pensé pensamos pensaste pensasteis pensó pensaron	pensara pensáramos pensaras pensarais pensara pensaran	pensaré pensaremos pensarás pensaréis pensará pensarán	pensaría pensaríamos pensarías pensaríais pensaría pensarían	g. pensando p. p. pensado
conté contamos contaste contasteis contó contaron	contara contáramos contaras contarais contara contaran	contaré contaremos contarás contaréis contará contarán	contaría contaríamos contarías contaríais contaría contarían	g. contando p. p. contado

LES VERBES À AFFAIBLISSEMENT E → I

pedí pedimos pediste pedisteis pidió pidieron	pidiera pidiéramos pidieras pidierais pidiera pidieran	pediré pediremos pedirás pediréis pedirá pedirán	pediría pediríamos pedirías pediríais pediría pedirían	g. pidiendo p. p. pedido
Même modèle pour : seguir, corregir, despedir, elegir, impedir, medir, servir, vestir, reír.				

LES VERBES À ALTERNANCE E → IE ET I O → UE ET U

sentí sentimos sentiste sentisteis sintió sintieron	sintiera sintiéramos sintieras sintierais sintiera sintieran	sentiré sentiremos sentirás sentiréis sentirá sentirán	sentiría sentiríamos sentirías sentiríais sentiría sentirían	g. sintiendo p. p. sentido
Même modèle pour : divertir, mentir, preferir, sugerir.				
dormí dormimos dormiste dormisteis durmió durmieron	durmiera durmiéramos durmieras durmierais durmiera durmieran	dormiré dormiremos dormirás dormiréis dormirá dormirán	dormiría dormiríamos dormirías dormiríais dormiría dormirían	g. durmiendo p. p. dormido

LES VERBES EN -ACER / -ECER / -OCER / -UCIR, TYPE CONOCER C → ZC

conocí conocimos conociste conocisteis conoció conocieron	conociera conociéramos conocieras conocierais conociera conocieran	conoceré conoceremos conocerás conoceréis conocerá conocerán	conocería conoceríamos conocerías conoceríais conocería conocerían	g. conociendo p. p. conocido
Même modèle pour : nacer, obedecer, padecer, parecer, pertenecer, relucir.				

LES VERBES EN -DUCIR, TYPE CONDUCIR C → ZC C → J

conduje condujimos condujiste condujisteis condujo condujeron	condujera condujéramos condujeras condujerais condujera condujeran	conduciré conduciremos conducirás conduciréis conducirá conducirán	conduciría conduciríamos conducirías conduciríais conduciría conducirían	g. conduciendo p. p. conducido
Même modèle pour : deducir, introducir, producir, traducir, seducir.				

* *Il existe une autre forme de subjonctif en* -se : hablase, comiese, viviese, pensase, contase, pidiese, sintiese, durmiese...

Tableaux de conjugaison

Infinitivo (*Infinitif*)	Presente de indicativo (*Indicatif présent*)		Presente de subjuntivo (*Subjonctif présent*)		Imperativo (*Impératif*)		Imperfecto de indicativo (*Indicatif imparfait*)	

AUTRES VERBES IRRÉGULIERS

Infinitivo	Presente de indicativo		Presente de subjuntivo		Imperativo		Imperfecto de indicativo	
Andar *marcher*	ando andas anda	andamos andáis andan	ande andes ande	andemos andéis anden	anda	andad	andaba andabas andaba	andábamos andabais andaban
Caer *tomber*	caigo caes cae	caemos caéis caen	caiga caigas caiga	caigamos caigáis caigan	cae	caed	caía caías caía	caíamos caíais caían
Dar *donner*	doy das da	damos dais dan	dé des dé	demos deis den	da	dad	daba dabas daba	dábamos dabais daban
Decir *dire*	digo dices dice	decimos decís dicen	diga digas diga	digamos digáis digan	di	decid	decía decías decía	decíamos decíais decían
Estar *être*	estoy estás está	estamos estáis están	esté estés esté	estemos estéis estén	está	estad	estaba estabas estaba	estábamos estabais estaban
Haber *aux. avoir*	he has ha	hemos habéis han	haya hayas haya	hayamos hayáis hayan			había habías había	habíamos habíais habían
Hacer *faire*	hago haces hace	hacemos hacéis hacen	haga hagas haga	hagamos hagáis hagan	haz	haced	hacía hacías hacía	hacíamos hacíais hacían
Ir *aller*	voy vas va	vamos vais van	vaya vayas vaya	vayamos vayáis vayan	ve	id	iba ibas iba	íbamos ibais iban
Oír *entendre*	oigo oyes oye	oímos oís oyen	oiga oigas oiga	oigamos oigáis oigan	oye	oíd	oía oías oía	oíamos oíais oían
Poder *pouvoir*	puedo puedes puede	podemos podéis pueden	pueda puedas pueda	podamos podáis puedan			podía podías podía	podíamos podíais podían
Poner *mettre*	pongo pones pone	ponemos ponéis ponen	ponga pongas ponga	pongamos pongáis pongan	pon	poned	ponía ponías ponía	poníamos poníais ponían
Querer *vouloir, aimer*	quiero quieres quiere	queremos queréis quieren	quiera quieras quiera	queramos queráis quieran	quiere	quered	quería querías quería	queríamos queríais querían
Saber *savoir*	sé sabes sabe	sabemos sabéis saben	sepa sepas sepa	sepamos sepáis sepan	sabe	sabed	sabía sabías sabía	sabíamos sabíais sabían
Salir *sortir*	salgo sales sale	salimos salís salen	salga salgas salga	salgamos salgáis salgan	sal	salid	salía salías salía	salíamos salíais salían
Ser *être*	soy eres es	somos sois son	sea seas sea	seamos seáis sean	sé	sed	era eras era	éramos erais eran
Tener *avoir, posséder*	tengo tienes tiene	tenemos tenéis tienen	tenga tengas tenga	tengamos tengáis tengan	ten	tened	tenía tenías tenía	teníamos teníais tenían
Traer *apporter*	traigo traes trae	traemos traéis traen	traiga traigas traiga	traigamos traigáis traigan	trae	traed	traía traías traía	traíamos traíais traían
Venir *venir*	vengo vienes viene	venimos venís vienen	venga vengas venga	vengamos vengáis vengan	ven	venid	venía venías venía	veníamos veníais venían
Ver *voir*	veo ves ve	vemos veis ven	vea veas vea	veamos veáis vean	ve	ved	veía veías veía	veíamos veíais veían

AUTRES VERBES IRRÉGULIERS

Pretérito indefinido *(Passé simple)*		**Imperfecto de subjuntivo** *(Subjonctif imparfait)**		**Futuro** *(Futur)*		**Condicional** *(Conditionnel)*		**Gerundio Participio pasivo** *(Participe passé)*	
anduve	anduvimos	anduviera	anduviéramos	andaré	andaremos	andaría	andaríamos	g.	andando
anduviste	anduvisteis	anduvieras	anduvierais	andarás	andaréis	andarías	andaríais	p. p.	andado
anduvo	anduvieron	anduviera	anduvieran	andará	andarán	andaría	andarían		
caí	caímos	cayera	cayéramos	caeré	caeremos	caería	caeríamos	g.	cayendo
caíste	caísteis	cayeras	cayerais	caerás	caeréis	caerías	caeríais	p. p.	caído
cayó	cayeron	cayera	cayeran	caerá	caerán	caería	caerían		
di	dimos	diera	diéramos	daré	daremos	daría	daríamos	g.	dando
diste	disteis	dieras	dierais	darás	daréis	darías	daríais	p. p.	dado
dio	dieron	diera	dieran	dará	darán	daría	darían		
dije	dijimos	dijera	dijéramos	diré	diremos	diría	diríamos	g.	diciendo
dijiste	dijisteis	dijeras	dijerais	dirás	diréis	dirías	diríais	p. p.	dicho
dijo	dijeron	dijera	dijeran	dirá	dirán	diría	dirían		
estuve	estuvimos	estuviera	estuviéramos	estaré	estaremos	estaría	estaríamos	g.	estando
estuviste	estuvisteis	estuvieras	estuvierais	estarás	estaréis	estarías	estaríais	p. p.	estado
estuvo	estuvieron	estuviera	estuvieran	estará	estarán	estaría	estarían		
hube	hubimos	hubiera	hubiéramos	habré	habremos	habría	habríamos	g.	habiendo
hubiste	hubisteis	hubieras	hubierais	habrás	habréis	habrías	habríais	p. p.	habido
hubo	hubieron	hubiera	hubieran	habrá	habrán	habría	habrían		
hice	hicimos	hiciera	hiciéramos	haré	haremos	haría	haríamos	g.	haciendo
hiciste	hicisteis	hicieras	hicierais	harás	haréis	harías	haríais	p. p.	hecho
hizo	hicieron	hiciera	hicieran	hará	harán	haría	harían		
fui	fuimos	fuera	fuéramos	iré	iremos	iría	iríamos	g.	yendo
fuiste	fuisteis	fueras	fuerais	irás	iréis	irías	iríais	p. p.	ido
fue	fueron	fuera	fueran	irá	irán	iría	irían		
oí	oímos	oyera	oyéramos	oiré	oiremos	oiría	oiríamos	g.	oyendo
oíste	oísteis	oyeras	oyerais	oirás	oiréis	oirías	oiríais	p. p.	oído
oyó	oyeron	oyera	oyeran	oirá	oirán	oiría	oirían		
pude	pudimos	pudiera	pudiéramos	podré	podremos	podría	podríamos	g.	pudiendo
pudiste	pudisteis	pudieras	pudierais	podrás	podréis	podrías	podríais	p. p.	podido
pudo	pudieron	pudiera	pudieran	podrá	podrán	podría	podrían		
puse	puslmos	puslera	pusléramos	pondré	pondremos	pondría	pondríamos	g.	poniendo
pusiste	pusisteis	pusieras	pusierais	pondrás	pondréis	pondrías	pondríais	p. p.	puesto
puso	pusieron	pusiera	pusieran	pondrá	pondrán	pondría	pondrían		
quise	quisimos	quisiera	quisiéramos	querré	querremos	querría	querríamos	g.	queriendo
quisiste	quisisteis	quisieras	quisierais	querrás	querréis	querrías	querríais	p. p.	querido
quiso	quisieron	quisiera	quisieran	querrá	querrán	querría	querrían		
supe	supimos	supiera	supiéramos	sabré	sabremos	sabría	sabríamos	g.	sabiendo
supiste	supisteis	supieras	supierais	sabrás	sabréis	sabrías	sabríais	p. p.	sabido
supo	supieron	supiera	supieran	sabrá	sabrán	sabría	sabrían		
salí	salimos	saliera	saliéramos	saldré	saldremos	saldría	saldríamos	g.	saliendo
saliste	salisteis	salieras	salierais	saldrás	saldréis	saldrías	saldríais	p. p.	salido
salió	salieron	saliera	salieran	saldrá	saldrán	saldría	saldrían		
fui	fuimos	fuera	fuéramos	seré	seremos	sería	seríamos	g.	siendo
fuiste	fuisteis	fueras	fuerais	serás	seréis	serías	seríais	p. p.	sido
fue	fueron	fuera	fueran	será	serán	sería	serían		
tuve	tuvimos	tuviera	tuviéramos	tendré	tendremos	tendría	tendríamos	g.	teniendo
tuviste	tuvisteis	tuvieras	tuvierais	tendrás	tendréis	tendrías	tendríais	p. p.	tenido
tuvo	tuvieron	tuviera	tuvieran	tendrá	tendrán	tendría	tendrían		
traje	trajimos	trajera	trajéramos	traeré	traeremos	traería	traeríamos	g.	trayendo
trajiste	trajisteis	trajeras	trajerais	traerás	traeréis	traerías	traeríais	p. p.	traído
trajo	trajeron	trajera	trajeran	traerá	traerán	traería	traerían		
vine	vinimos	viniera	viniéramos	vendré	vendremos	vendría	vendríamos	g.	viniendo
viniste	vinisteis	vinieras	vinierais	vendrás	vendréis	vendrías	vendríais	p. p.	venido
vino	vinieron	viniera	vinieran	vendrá	vendrán	vendría	vendrían		
vi	vimos	viera	viéramos	veré	veremos	vería	veríamos	g.	viendo
viste	visteis	vieras	vierais	verás	veréis	verías	veríais	p. p.	visto
vio	vieron	viera	vieran	verá	verán	vería	verían		

* *Il existe une autre forme de subjonctif en* -se : anduviese, cayese, diese, dijese, estuviese, hubiese, hiciese, fuese...

Lexique

Liste des abréviations

adj. : adjectif
adv. : adverbe
conj. : conjonction
excl. : exclamation
loc. : locution
loc. adv. : locution adverbiale
n. : nom
n. f. : nom féminin
n. m. : nom masculin
pl. : pluriel
prép. : préposition
pron. : pronom
v. : verbe

A

a menudo, *loc. adv.*, souvent
abanico, *n.m.*, éventail
abierto, a, *adj.*, ouvert, e
abril, *n. m.*, avril
abrigo, *n. m.*, manteau
abrir, *v.*, ouvrir
abrochar, *v.*, attacher
absolutamente, *adv.*, absolument
absorber, *v.*, absorber
abuelo, a, *n.*, grand-père, grand-mère
aburrido, a, *adj.*, ennuyeux, ennuyeuse
acabar, *v.*, terminer, finir
acceso, *n. m.*, accès
aceite, *n. m.*, huile
acera, *n. f.*, trottoir
acercarse a, *v.*, s'approcher de
acoger, *v.*, accueillir
acompañar, *v.*, accompagner
aconsejar, *v.*, conseiller
acostarse (ue), *v.*, se coucher
actividad, *n. f.*, activité
actor, *n. m.*, acteur
actriz, *n. f.*, actrice
actualidad, *n. f.*, actualité
actualmente, *adv.*, actuellement
acumular, *v.*, acumuler
adelante, *adv.*, devant, en avant
además, *adv.*, de plus, en outre
adiós, *excl.*, au revoir
adivinar, *v.*, deviner
adivinanza, *n. f.*, devinette
adorable, *adj.*, adorable
adorar, *v.*, adorer
adulto, *n. m.*, adulte
afición, *n. f.*, goût, passion
aficionado, *n. m.*, amateur
aficionarse a, *v.*, être amateur de, se passionner pour
agosto, *n. m.*, août
agradable, *adj.*, agréable
agua, *n. f.*, eau
agujero, *n. m.*, trou
ahí, *adv.*, là
ahora, *adv.*, maintenant
aire, *n. m.*, air
alargado, a, *adj.*, allongé, e
albaricoque, *n. m.*, abricot
alcalde, *n. m.*, maire
alegrarse, *v.*, se réjouir
alegre, *adj.*, joyeux, joyeuse
Alemania, *n. f.*, Allemagne
alfombra, *n. f.*, tapis
algo, *pron.*, quelque chose
alguien, *pron.*, quelqu'un
alguno, a, *adj.*, quelque
alimento, *n. m.*, aliment
allí, *adv.*, là
almorzar (ue), *v.*, déjeuner, prendre le repas de midi
almuerzo, *n. m.*, déjeuner
alrededor, *adv.*, autour
alto, a, *adj.*, haut, e ; grand, e
alumno, a, *n.*, élève
amar, *v.*, aimer
amarillo, a, *adj.*, jaune
Amazonas, *n. m.*, Amazone
amenazado, a, *adj.*, menacé, e
americana, *n. f.*, blouson
amigo, a, *n.*, ami, e
amor, *n. m.*, amour
amplio, a, *adj.*, ample, large
añadir, *v.*, ajouter
anaranjado, a, *adj.*, orangé, e
anciano, a, *n.*, personne âgée
angelito, *n. m.*, angelot
animal, *n. m.*, animal
año, *n. m.*, année
anterior, *adj.*, antérieur
antes, *adv.*, avant
antiguo, a, *adj.*, ancien, ancienne
anuncio, *n. m.*, annonce, publicité
aparecer, *v.*, apparaître
apasionar, *v.*, passionner
apellido, *n. m.*, nom de famille
apetecer, *v.*, faire envie
aprender, *v.*, apprendre
aproximadamente, *adv.*, approximativement
aquí, *adv.*, ici
árabe, *adj.*, arabe
araña, *n. f.*, araignée
árbol, *n. m.*, arbre
arco, *n. m.*, arc
argelino, a, *adj.*, algérien, ne
armario, *n. m.*, armoire
armonía, *n. f.*, harmonie
arquitecto, *n. m.*, architecte
arroz, *n. m.*, riz
arte, *n. m.*, art
artista, *n.*, artiste
as, *n. m.*, as
asesinato, *n. m.*, assassinat
así, *adv.*, ainsi, comme cela ; **así que**, alors, donc
asiento, *n. m.*, siège

asqueroso, a, adj., dégoûtant, e
atentamente, *adv.*, attentivement
atmósfera, *n. f.*, atmosphère
aula, *n. f.*, salle de classe
aumento, *n. m.*, augmentation
aún, *adv.*, encore
aunque, *conj.*, bien que; même si
austral, *adj.*, austral
autobús, *n. m.*, autobus
autoridades, autorités
avenida, *n. f.*, avenue
aventura, *n. f.*, aventure
avión, *n. m.*, avion
avispa, *n. f.*, guêpe
ayer, *adv.*, hier
ayudar, *v.*, aider
azúcar, *n. m.*, sucre
azul, *adj.*, bleu

B

bacalao, *n. m.*, morue
bailaor, a, *n.*, danseur, danseuse de flamenco
bajarse de, *v.*, descendre de
bajo, *prép.*, sous
bajo, a, *adj.*, petit, e
balancearse, *v.*, se balancer
balcón, *n. m.*, balcon
ballena, *n. f.*, baleine
balón, *n. m.*, ballon
baloncesto, *n. m.*, basketball
bandera, *n. f.*, drapeau
bañarse, *v.*, se baigner
baño, *n. m.*, bain
barato, a, *adj.*, bon marché
barco, *n. m.*, bateau
barrio, *n. m.*, quartier
bautizar, *v.*, baptiser
beber, *v.*, boire
belén, *n. m.*, crèche
belleza, *n. f.*, beauté
berenjena, *n. f.*, aubergine
beso, *n. m.*, baiser
biblioteca, *n. f.*, bibliothèque
bigote, *n. m.*, moustache
bigotudo, *adj.*, moustachu
blanco, a, *adj.*, blanc, blanche
blusa, *n. f.*, chemisier
boca, *n. f.*, bouche
bocadillo, *n. m.*, sandwich
bola, *n. f.*, boule
bolígrafo, *n. m.*, stylo
bolso, *n. m.*, sac
bonito, a, *adj.*, joli,e
boquerón, *n. m.*, anchois
bosque, *n. m.*, bois, forêt
botella, *n. f.*, bouteille
botón, *n. m.*, bouton
brazo, *n. m.*, bras
brotar, *v.*, jaillir
brujo, a, *n.*, sorcier, ère
bueno, a, *adj.*, bon, bonne
buey, *n. m.*, bœuf
burro, *n. m.*, âne
buscar, *v.*, chercher

C

caballo, *n. m.*, cheval
cabello, *n. m.*, cheveu
cabeza, *n. f.*, tête
cable, *n. m.*, fil électrique
cabra, *n. f.*, chèvre
cacao, *n. m.*, cacao
cada, *adj.*, chaque ; **cada uno**, chacun
caerse, *v.*, tomber
café, *n. m.*, café
caja, *n. f.*, caisse
calamar, *n. m.*, calmar
calcular, *v.*, calculer
calendario, *n. m.*, calendrier
calentamiento, *n. m.*, réchauffement
calidad, *n. f.*, qualité
calle, *n. f.*, rue
calor, *n. m.*, chaleur
calvo, a, *adj.*, chauve
cama, *n. f.*, lit
cámara, *n. f.*, caméra, appareil photo
camarero, a, *n.*, garçon de café, serveuse
cambiar, *v.*, changer
cambio, *n. m.*, changement
camello, *n. m.*, chameau
caminar, *v.*, marcher
camino, *n. m.*, chemin ; **camino de**, en route pour
camisa, *n. f.*, chemise
camiseta, *n. f.*, tee-shirt
campana, *n. f.*, cloche
campeón, *n. m.*, champion
campesino, a, *n.*, paysan, anne
campo, *n. m.*, champ, terrain
canario, *n. m.*, canari
canción, *n. f.*, chanson
caniche, *n. m.*, caniche
cantar, *v.*, chanter
cantante, *n.*, chanteur, euse
cantidad, *n. f.*, quantité
capa, *n. f.*, cape; couche
capaz, *adj.*, capable
capital, *n. f.*, capitale
capitán, *n. m.*, capitaine
capturar, *v.*, capturer
cara, *n. f.*, visage
caramelo, *n. m.*, bonbon
carcajada, *n. f.*, éclat de rire

Lexique

cárcel, *n. f.*, prison
carne, *n. f.*, viande
caro, a, *adj.*, cher, chère
carretera, *n. f.*, route
carroza, *n. f.*, carrosse
carta, *n. f.*, lettre
cartel, *n. m.*, affiche
casa, *n. f.*, maison
casarse, *v.*, se marier
casco, *n. m.*, casque
casi, *adv.*, presque
católico, a, *adj.*, catholique
cazador, *n. m.*, chasseur
cazadora, *n. f.*, blouson
cazar, *v.*, chasser
celeste, *adj.*, bleu ciel
cena, *n. f.*, dîner
cenar, *v.*, dîner
centro, *n. m.*, centre
cerámica, *n. f.*, céramique
cerca, *adv.*, près
cercano, a, *adj.*, proche
cereza, *n. f.*, cerise
cerrar (ie), *v.*, fermer
cerveza, *n. f.*, bière
chalet, *n. m.*, maison, pavillon
chándal, *n. m.*, survêtement
chaqueta, *n. f.*, veste
charco, *n. m.*, flaque
chicle, *n. m.*, gomme à mâcher, chewing-gum
chico, a, *n. m.*, garçon, fille
chimenea, *n. f.*, cheminée
chino, a, *adj.*, chinois, e
chipirón, *n. m.*, petit calmar
chiquitín, *adj.*, tout petit
chocolate, *n. m.*, chocolat
chorizo, *n. m.*, chorizo
chuleta, *n. f.*, côtelette
cielo, *n. m.*, ciel
científico, a, *adj.*, scientifique
cigarrillo, *n. m.*, cigarette
cinco, *adj.*, cinq
cinturón, *n. m.*, ceinture
circo, *n. m.*, cirque
circuito, *n. m.*, circuit
circulación, *n. f.*, circulation
circular, *adj.*, circulaire
ciruela, *n. f.*, prune
ciudad, *n. f.*, ville
civilización, *n. f.*, civilisation
claro, a, *adj.*, clair, e ; *excl.*, bien sûr
clase, *n. f.*, cours
cliente, *n. m.*, client
clima, *n. m.*, climat
climático, a, climatique
coche, *n. m.*, voiture
coco, *n. m.*, noix de coco
cocodrilo, *n. m.*, crocodile
cola, *n. f.*, queue
colegio, *n. m.*, collège
collar, *n. m.*, collier
colombiano, a, *adj.*, colombien, ne
color, *n. m.*, couleur
comedor, *n. m.*, salle à manger
comenzar (ie), *v.*, commencer
comer, *v.*, manger
comercial, *adj.*, commercial
cómic, *n. m.*, bande dessinée
comida, *n. f.*, repas, nourriture
como, *adv.*, comme
compañero, a, *n.*, camarade
compañía, *n. f.*, compagnie
comparar, *v.*, comparer
compra, *n. f.*, achat, course
comprar, *v.*, acheter
compuesto, a, *adj.*, composé, e
comunicación, *n. f.*, communication
con, *prép.*, avec
concentrar, *v.*, concentrer
conciliábulo, *n. m.*, conciliabule
condenado, a, *adj.*, condamné, e
cóndor, *n. m.*, condor
conducir, *v.*, conduire
conectar, *v.*, brancher ; **conectarse**, *v.*, se connecter
confitería, *n. f.*, confiserie
congelado, a, *adj.*, congelé, e
conmigo, *pron.*, avec moi
conocer, *v.*, connaître
consejo, *n. m.*, conseil
consistir, *v.*, consister
consola, *n. f.*, console
consonante, *n. f.*, consonne
constituir, *v.*, constituer
consumo, *n. m.*, consommation
contaminación, *n. f.*, pollution
contento, a, *adj.*, content, e
contestar, *v.*, répondre
continuación, *n. f.*, suite
continuar, *v.*, continuer
contra, *prép.*, contre
contrario, *adj.*, contraire
convencional, *adj.*, conventionnel
convertir (ie), *v.*, transformer
convivir, *v.*, vivre ensemble
copa, *n. f.*, verre
corazón, *n. m.*, coeur

cordero, *n. m.*, mouton
correr, *v.*, courir
cortar, *v.*, couper
cortina, *n. f.*, rideau
cosa, *n. f.*, chose
costa, *n. f.*, côte
creación, *n. f.*, création
crecer, *v.*, grandir
creer, *v.*, croire
criatura, *n. f.*, créature, bébé
cruce, *n. m.*, carrefour
crudo, a, *adj.*, cru, e
cuaderno, *n. m.*, cahier
cuadro, *n. m.*, tableau
cuando, *conj.*, quand
cuánto, a, *adj.*, combien
cuarenta, *adj.*, quarante
cuarto, *n. m.*, quart
cubierto, *n. m.*, couvert
cuchara, *n. f.*, cuillère
cuenta, *n. f.*, addition
cuidado, *n. m.*, attention
cuidar, *v.*, s'occuper de
cultura, *n. f.*, culture
cumpleaños, *n. m.*, anniversaire
curiosidad, *n. f.*, curiosité

D

dar, *v.*, donner ; **dar vueltas**, tourner, faire des tours ; **dar a**, donner sur
debajo, *adv.*, dessous ; **debajo de**, sous
decidir, *v.*, décider
decir (i), *v.*, dire
decorar, *v.*, décorer
dedo, *n. m.*, doigt
defender (ie), *v.*, défendre
dejar, *v.*, laisser
delta, *n. m.*, delta
dentista, *n. m.*, dentiste
dentro, *adv.*, à l'intérieur, dedans
departamento, *n. m.*, appartement
deporte, *n. m.*, sport
derecho, a, *adj.*, droit, e
desafío, *n. m.*, défi
desaparecer, *v.*, disparaître
desarrollado, a, *adj.*, développé, e
desarrollo, *n. m.*, développement
desayunar, *v.*, prendre le petit déjeuner
desayuno, *n. m.*, petit déjeuner
descansar, *v.*, se reposer
descargar, *v.*, télécharger
descolgado, *adj.*, décroché
desconectar, *v.*, déconnecter, débrancher
describir, *v.*, décrire
descubrir, *v.*, découvrir
desde, *prép.*, depuis
deseo, *n. m.*, désir, souhait
desfavorecido, a, *adj.*, défavorisé, e
desierto, *n. m.*, désert
desigualdad, *n. f.*, inégalité
desmesuradamente, démesurément
despierto, a, *adj.*, éveillé, e
después, *adv.*, après, ensuite
destruir, *v.*, détruire
detenerse (ie), *v.*, s'arrêter
detrás, *adv.*, derrière
diamante, *n. m.*, diamant
día, *n. m.*, jour ; **al día siguiente**, le lendemain
diario, *n. m.*, journal
dibujante, *n. m.*, dessinateur
dibujar, *v.*, dessiner
dibujo, *n. m.*, dessin
dicho, a, *adj.*, dit, e
diciembre, *n. m.*, décembre
diente, *n. m.*, dent
dieta, *n. f.*, régime
diez, *adj.*, dix
diferencia, *n. f.*, différence
diferente, *adj.*, différent, e
diminutivo, *n. m.*, diminutif
dinero, *n. m.*, argent
dios, a, *n.*, dieu, déesse
dirección, *n. f.*, adresse, direction
directo, a, *adj.*, direct, e
director, *n. m.*, directeur
dirigirse, *v.*, s'adresser
disfrutar, *v.*, profiter
diversidad, *n. f.*, diversité
divertirse (ie), *v.*, s'amuser
docena, *n. f.*, douzaine
domingo, *n. m.*, dimanche
dorado, a, *adj.*, doré, e
dormir (ue), *v.*, dormir
dormitorio, *n. m.*, chambre
dos, *adv.*, deux
ducharse, *v.*, se doucher, prendre une douche
dulce, *n. m.*, sucrerie, patisserie
durante, *prép.*, pendant

E

echar, *v.*, **echar de menos**, regretter
ecosistema, *n. m.*, écosystème
edad, *n. f.*, âge
ejemplo, *n. m.*, exemple

Lexique

elefante, *n. m.*, éléphant
elegir (i), *v.*, choisir
elemento, *n. m.*, élément
embajador, *n. m.*, ambassadeur
emoción, *n. f.*, émotion
empezar (ie), *v.*, commencer
empresa, *n. f.*, entreprise
enano, *n. m.*, nain
encantar, *v.*, enchanter, ravir
encerrarse (ie), *v.*, s'enfermer
enchufe, *n. m.*, prise
encontrar (ue), *v.*, trouver
encuentro, *n. m.*, rencontre
energía, *n. f.*, énergie
enero, *n. m.*, janvier
enladrillado, a, *adj.*, carrelé, e
enseñar, *v.*, montrer
ensuciar, *v.*, salir
entonces, *adv.*, alors
entrada, *n. f.*, entrée
entregar, *v.*, remettre, donner
entrenador, *n. m.*, entraîneur
entrevista, *n. f.*, entrevue
envenenar, *v.*, empoisonner
envidia, *n. f.*, jalousie
epidemia, *n. f.*, épidémie
equipo, *n. m.*, équipe
equitación, *n. f.*, équitation
equivocarse, *v.*, se tromper
escoba, *n. f.*, balai
esconder, *v.*, cacher
escribir, *v.*, écrire
escuchar, *v.*, écouter
escuela, *n. f.*, école
esmeralda, *n. f.*, émeraude
espada, *n. f.*, épée
espaguetis, *n. m. pl.*, spaghetti
espantar, *v.*, effrayer, chasser
espárrago, *n. m.*, asperge
especial, *adj.*, spécial
especialidad, *n. f.*, spécialité
especie, *n. f.*, espèce
esperar, *v.*, espérer, attendre
esquelético, a, *adj.*, squelettique
esquí, *n. m.*, ski
esquiar, *v.*, skier
establecer, *v.*, établir
estación, *n. f.*, saison
estado, *n. m.*, état
estampado, a, *adj.*, imprimé, e
estimular, *v.*, stimuler
estrella, *n. f.*, étoile
estresante, *adj.*, stressant, e
estribillo, *n. m.*, refrain
estudiar, *v.*, étudier
evitar, *v.*, éviter
examen, *n. m.*, examen
excavadora, *n. f.*, pelleteuse, pelle mécanique
éxito, *n. m.*, succès
experto, a, *adj.*, expert, e
explorar, *v.*, explorer
explotación, *n. f.*, exploitation
exposición, *n. f.*, exposition
extranjero, a, *adj.*, étranger, ère

F

fábrica, *n. f.*, usine
fácil, *adj.*, facile
falda, *n. f.*, jupe
faltar, *v.*, manquer
familia, *n. f.*, famille
famoso, a, *adj.*, célèbre
fantasía, *n. f.*, fantaisie
farmacia, *n. f.*, pharmacie
fascinado, a, *adj.*, fasciné, e
fauna, *n. f.*, faune
favorito, a, *adj.*, favori, favorite
febrero, *n. m.*, février
fecha, *n. f.*, date
feliz, *adj.*, heureux
felino, *n. m.*, félin
festejar, *v.*, fêter
fiesta, *n. f.*, fête
filete, *n. m.*, bifteck
filmar, *v.*, filmer
fin, *n. m.*, **fin de semana**, week-end
flecha, *n. f.*, flèche
flor, *n. f.*, fleur
florecer, *v.*, fleurir
flotador, *n. m.*, bouée
foca, *n. f.*, phoque
forastero, *n. m.*, étranger
forma, *n. f.*, forme
formarse, *v.*, se former
fórmula, *n. f.*, formule
foto, *n. f.*, photo
fotografía, *n. f.*, photographie
frambuesa, *n. f.*, framboise
francés, esa, *adj.*, français, e
frase, *n. f.*, phrase
frente, *n. f.*, front
fresa, *n. f.*, fraise
frío, *n. m.*, froid
frito, a, *adj.*, frit, e

frontera, *n. f.*, frontière
fruta, *n. f.*, fruit, fruits
fruto, *n. m.*, fruit
fuera, *adv.*, dehors
fuerte, *adj.*, fort
fuerza, *n. f.*, force
fugarse, *v.*, fuir, s'enfuir
fumador, *n. m.*, fumeur
fundamental, *adj.*, fondamental, e
furioso, a, *adj.*, furieux, furieuse
fútbol, *n. m.*, football

G

gabinete, *n. m.*, cabinet
gacela, *n. f.*, gazelle
gafas, *n. f. pl.*, lunettes
galleta, *n. f.*, gâteau sec
gana, *n. f.* , envie ; **tener ganas de**, avoir envie de
gas, *n. m.*, gaz
gato, *n. m.*, chat
generación, *n. f.*, génération
generalmente, *adv.*, généralement
gente, *n. f.*, gens
geografía, *n. f.*, géographie
glaciar, *n. m.*, glacier
gol, *n. m.*, but
goloso, a, *adj.*, gourmand, e
goma *n. f.*, **goma de mascar**, gomme à mâcher
gordo, a, *adj.*, gros, grosse
gordo, *n. m.*, gros lot
gorra, *n. f.*, casquette
gorro, *n. m.*, bonnet
grabado, *n. m.*, gravure
gratuito, a, *adj.*, gratuit, e
gris, *adj.*, gris
gritar, *v.*, crier
grupo, *n. m.*, groupe
guante, *n. m.*, gant
guapo, a, *adj.*, beau, belle, joli, e
guía, *n. m.*, guide
guiar, *v.*, guider
guitarra, *n. f.*, guitare
gustar, *v.*, plaire
gusto, *n. m.*, goût, parfum

H

hablar, *v.*, parler
hacer, *v.*, faire
hamaca, *n. f.*, chaise-longue
hambre, *n. m.*, faim
hamburguesa, *n. f.*, hamburger
hasta, *prép.*, jusque
hemisferio, *n. m.*, hémisphère
hermano, a, *n.*, frère, soeur
hermoso, a, *adj.*, beau, belle, joli, e
heterogéneo, a, *adj.*, hétérogène
hierba, *n. f.*, herbe
hijo, a, *n.*, fils, fille ; enfant
historia, *n. f.*, histoire
historieta, *n. f.*, bande dessinée
hoja, *n. f.*, feuille
hojear, *v.*, feuilleter
hola, *excl.*, bonjour, salut
hombre, *n. m.*, homme
homenaje, *n. m.*, hommage
hora, *n. f.*, heure
horario, *n. m.*, emploi du temps ; horaire
hormiga, *n. f.*, fourmi
horror, *n. m.*, horreur
hotel, *n. m.*, hôtel
hoy, *adv.*, aujourd'hui
hueso, *n. m.*, os, noyau
huevo, *n. m.*, oeuf
humo, *n. m.*, fumée

I

idea, *n. f.*, idée
idioma, *n. m.*, langue
iglesia, *n. f.*, église
ilusión, *n. f.*, illusion, espoir; joie
ilusionar, *v.*, faire rêver
ilustrar, *v.*, illustrer
imaginación, *n. f.*, imagination
impedir (i), *v.*, empêcher
importante, *adj.*, important, e
imposible, *adj.*,impossible
incienso, *n. m.*, encens
incluir, *v.*, inclure
increíble, *adj.*, incroyable
indignación, *n. f.*, indignation
indio, a, *n.*, indien, enne
individuo, *n. m.*, individu
infanta, *n. f.*, infante
inglés, esa, *adj.*, anglais, e
inmigrante, *n. m.*, immigrant
inmortalizar, *v.*, immortaliser
insistir, *v.*, insister
insólito, a, *adj.*, insolite
instante, *n. m.*, instant
instituto, *n. m.*, lycée
inteligente, *adj.*, intelligent, e

Lexique

intentar, *v.*, essayer
interesar, *v.*, intéresser
interés, *n. m.*, intérêt
interpretar, *v.*, interpréter
interrogar, *v.*, interroger
interrumpir, *v.*, interrompre
intrusión, *n. f.*, intrusion
inventar, *v.*, inventer
invertir (ie), *v.*, investir
ir, *v.*, aller
izquierda, *n. f.*, gauche

J-K

jamón, *n. m.*, jambon
jardín, *n. m.*, jardin
jaula, *n. f.*, cage
jefe, *n. m.*, chef
jersey, *n. m.*, pull-over
joven, *adj.*, jeune
juego, *n. m.*, jeu
jueves, *n. m.*, jeudi
jugar (ue), *v.*, jouer
jugo, *n. m.*, jus
juguete, *n. m.*, jouet
julio, *n. m.*, juillet
junio, *n. m.*, juin

kilómetro, *n. m.*, kilomètre

L

lado, *n. m.*, côté ; **al lado de**, à côté de
lagarto, *n. m.*, lézard
lámpara, *n. f.*, lampe
lanza, *n. f.*, lance
lápiz, *n. m.*, crayon
largo, a, *adj.*, long, longue
lavado, *n. m.*, lavage
lavar, *v.*, laver
lazo, *n. m.*, nœud
leche, *n. f.*, lait
lechuga, *n. f.*, laitue, salade
leer, *v.*, lire
legumbre, *n. f.*, légume
lema, *n. m.*, slogan, devise
lengua, *n. f.*, langue
león, *n. m.*, lion
levantarse, *v.*, se lever
libertad, *n. f.*, liberté
librar, *v.*, libérer
libre, *adj.*, libre
libro, *n. m.*, livre
limón, *n. m.*, citron
limpio, a, *adj.*, propre
llamativo, a, *adj.*, vif, vive; criard, e
llave, *n. f.*, clé
llegar, *v.*, arriver
llenar, *v.*, remplir
llevar, *v.*, porter
llover (ue), *v.*, pleuvoir
lluvia, *n. f.*, pluie
lobo, *n. m.*, loup
lobito, *n. m.*, louveteau
loco, a, *adj.*, fou, folle
locura, *n. f.*, folie
lodo, *n. m.*, boue
lograr, *v.*, réussir, parvenir
loro, *n. m.*, perroquet
luego, *adv.*, ensuite
lugar, *n. m.*, lieu, endroit
lunar, *n. m.*, grain de beauté
lunes, *n. m.*, lundi

M

madera, *n. f.*, bois
madre, *n. f.*, mère
mágico, a, *adj.*, magique
maleta, *n. f.*, valise
malo, a, *adj.*, mauvais, e, méchant, e
maltratar, *v.*, maltraiter
mamá, *n. f.*, maman
mañana, *n. f.*, matin
mañana, *adv.*, demain
mancharse, *v.*, se tacher
mandar, *v.*, envoyer
mandarina, *n. f.*, mandarine
manifestación, *n. f.*, manifestation
mano, *n. f.*, main
mantener (ie), *v.*, entretenir; maintenir
mantequilla, *n. f.*, beurre
manzana, *n. f.*, pomme
mapa, *n. m.*, carte
mar, *n. m.*, mer
maravilloso, a, *adj.*, merveilleux, euse
marcharse, *v.*, partir
marido, *n. m.*, mari
marioneta, *n. f.*, marionnette
marisco, *n. m.*, coquillage ; **mariscos**, fruits de mer
marrón, *adj.*, marron
martes, *n. m.*, mardi
marzo, *n. m.*, mars
más, *adv.*, plus
mascar, *v.*, mâcher

mascota, *n. f.*, animal de compagnie
matar, *v.*, tuer
mayo, *n. m.*, mai
mayor, *adj.*, plus grand, e ; plus âgé, e
mayoría, *n. f.*, majorité
mazapán, *n. m.*, massepain
media, a, *adj.*, demi, e; moyen, enne
médico, *n. m.*, médecin
mediodía, *n. m.*, midi
medir (i), *v.*, mesurer
mejor, *adj.*,meilleur ; **a lo mejor**, peut-être
melón, *n. m.*, melon
memoria, *n. f.*, mémoire
menos, *adv.*, moins
mensaje, *n. m.*, message
mercado, *n. m.*, marché
merendar (ie), *v.*, goûter
merienda, *n. f.*, goûter
mesa, *n. f.*, table
mestizo, *n. m.*, métis
miedo, *n. m.*, peur
mientras, *adv.*, pendant que ;
mientras que, alors que
miércoles, *n. m.*, mercredi
mies, *n. f.*, moisson
mirada, *n. f.*, regard
mirar, *v.*, regarder
mirra, *n. f.*, myrrhe
mismo, a, *adj.*, même
mitad, *n. f.*, moitié
molestar, *v.*, ennuyer, gêner
mono, *n. m.*, singe
monstruo, *n. m.*, monstre
montaña, *n. f.*, montagne
monte, *n. m.*, forêt; montagne
montículo, *n. m.*, monticule
montón, *n. m.*, tas
monumento, *n. m.*, monument
mora, *n. f.*, mûre
morder (ue), *v.*, mordre
moreno, a, *adj.*, brun, brune
morir (ue), *v.*, mourir
mostrar (ue), *v.*, montrer
moto, *n. f.*, moto
mover (ue), *v.*, bouger, remuer
móvil, *n. m.*, téléphone portable
muchacho, a, *n.*, garçon, fille
mucho, a, *adj.*, beaucoup
mujer, *n. f.*, femme
mundial, *adj.*, mondial, e
mundo, *n. m.*, monde
muñeca, *n. f.*, poupée
museo, *n. m.*, musée
música, *n. f.*, musique
músico, *n. m.*, musicien
muy, *adv.*, très

N

nacimiento, *n. m.*, naissance
nada, *pron.*, rien
nadie, *pron.*, personne
naranja, *n. f.*, orange
nariz, *n. f.*, nez
naturaleza, *n. f.*, nature
navegar, *v.*, naviguer
Navidad, *n. f.*, Noël
necesidad, *n. f.*, nécessité, besoin
necesitar, *v.*, avoir besoin de
negro, a, *adj.*, noir, e
nevado, a, *adj.*, enneigé, e
nevar (ie), *v.*, neiger
nido, *n. m.*, nid
niebla, *n. f.*, brouillard
nieto, a, *n.*, petit-fils, petite-fille
nieve, *n. f.*, neige
ninguno, a, *adj.*, aucun
niño, a, *n.*, enfant, petit garçon, petite fille
nivel, *n. m.*, niveau
noche, *n. f.*, nuit
Nochebuena, *n. f.*, nuit de noël
Nochevieja, *n. f.*, nuit de la Saint Sylvestre
nombre, *n. m.*, prénom
norma, *n. f.*, règle
norte, *n. m.*, nord
nota, *n. f.*, note
noticia, *n. f.*, nouvelle
novela, *n. f.*, roman
noviembre, *n. m.*, novembre
novio, a, *n.*, fiancé, e
nube, *n. f.*, nuage
nuestro, a, *adj.*, notre
nuevo, a, *adj.*,nouveau, nouvelle; neuf, neuve
número, *n. m.*, nombre
nunca, *adv.*, jamais

O

obra, *n. f.*, **obra de arte.**, oeuvre d'art
obrero, *n. m.*, ouvrier
ocho, *adj.*, huit
octubre, *n. m.*, octobre
ocurrir, *v.*, se produire, se passer
oeste, *n. m.*, ouest
oficio, *n. m.*, métier

Lexique

ofrecer, *v.*, offrir
ogro, *n. m.*, ogre
oír, *v.*, entendre
ojo, *n. m.*, oeil
olvidar, *v.*, oublier
órbita, *n. f.*, orbite
orden, *n. f.*, ordre
ordenador, *n. m.*, ordinateur
organizar, *v.*, organiser
oro, *n. m.*, or
oso, *n. m.*, ours ; **osito**, *n. m.*, ourson, ours en peluche

P

padre, *n. m.*, père ; **padres**, parents
paella, *n. f.*, paella
pagar, *v.*, payer
página, *n. f.*, page
país, *n. m.*, pays
paisaje, *n. m.*, paysage
pájaro, *n. m.*, oiseau
palabra, *n. f.*, mot
palacio, *n. m.*, palais
paloma, *n. f.*, colombe, pigeon
pan, *n. m.*, pain
panadería, *n. f.*, boulangerie
pancarta, *n. f.*, pancarte
pañuelo, *n. m.*, mouchoir
papagayo, *n. m.*, perroquet
papá, *n. m.*, papa
papel, *n. m.*, papier
par, *n. m.*, paire
para, *prép.*, pour
paraguas, *n. m.*, parapluie
parar, *v.*, arrêter
parque, *n. m.*, parc
parte, *n. f.*, partie
participar, *v.*, participer
partido, *n. m.*, match, partie
partitura, *n. f.*, partition
pasar, *v.*, passer
pasear, *v.*, se promener
paseo, *n. m.*, promenade
paso, *n. m.*, pas
pastas, *n. f. pl.*, petits fours
pastelería, *n. f.*, pâtisserie
pastel, *n. m.*, gâteau
pastor, *n. m.*, berger
patata, *n. f.*, pomme de terre
patinador, *n. m.*, patineur
patinete, *n. m.*, patinette
patio, *n. m.*, cour
pato, *n. m.*, canard
patrón, *n. m.*, patron
pausa, *n. f.*, pause
peatón, *n. m.*, piéton
pedagogía, *n. f.*, pédagogie
pedir (i), *v.*, demander
peinarse, *v.*, se peigner
peine, *n. m.*, peigne
película, *n. f.*, film
peligro, *n. m.*, danger
pelo, *n. m.*, cheveux
pelota, *n. f.*, ballon, balle
peluca, *n. f.*, perruque
peluche, *n. m.*, peluche
península, *n. f.*, péninsule
pensar (ie), *v.*, penser
pepino, *n. m.*, concombre
pepita, *n. f.*, pépin
pequeño, a, *adj.*, petit, e
pera, *n. f.*, poire
perder (ie), *v.*, perdre ; **perderse**, *v.*, se perdre
perdonar, *v.*, pardonner
perfecto, a, *adj.*, parfait, e
perfumar, *v.*, parfumer
periódico, *n. m.*, journal
periodista, *n.*, journaliste
permiso, *n. m.*, autorisation, permis
pero, *conj.*, mais
perro, a, *n.*, chien, enne
persona, *n. f.*, personne ; **personas mayores**, adultes
personaje, *n. m.*, personnage
personalmente, *adv.*, personnellement
peruano, a, *adj.*, péruvien, enne
pesado, a, *adj.*, lourd, e; pénible
pesca, *n. f.*, pêche
pescado, *n. m.*, poisson
petición, *n. f.*, demande
pez, *n. m.*, poisson, ; **peces**, poissons
piedra, *n. f.*, pierre, caillou
pie, *n. m.*, pied
piloto, *n. m.*, pilote
pimienta, *n. f.*, poivre, poivron
piña, *n. f.*, ananas
pipa, *n. f.*, graine de tournesol
pirata, *n. m.*, pirate
piscina, *n. f.*, piscine
piso, *n. m.*, appartement
pizarra, *n. f.*, tableau
planeta, *n. m.*, planète
plata, *n. f.*, argent
plátano, *n. m.*, banane
plato, *n. m.*, assiette
playa, *n. f.*, plage

plaza, *n. f.*, place
población, *n. f.*, population
pobre, *adj.*, pauvre
poco, a, *adj.*, peu de
poder (ue), *v.*, pouvoir
poderío, *n. m.*, puissance, pouvoir
polo, *n. m.*, pôle
pollo, *n. m.*, poulet
pompa, *n. f.*, bulle
poner, *v.*, mettre ; **ponerse**, devenir
por, *prép.*, par ; à cause de ; pour ; **por favor**, s'il te plaît, s'il vous plaît ; **por supuesto**, évidemment ; **porque**, *conj.*, parce que
portal, *n. m.*, porte d'entrée
portugués, esa, *adj.*, portugais, e
posible, *adj.*, possible
postal, *n. f.*, carte postale
postre, *n. m.*, dessert
precio, *n. m.*, prix
preferir (ie), *v.*, préférer
pregunta, *n. f.*, question
presentador, a, *n.*, présentateur, présentatrice
primero, *adj.*, premier; d'abord
princesa, *n. f.*, princesse
príncipe, *n. m.*, prince
principio, *n. m.*, début
privilegiado, a, *adj.*, privilégié, e
producción, *n. f.*, production
producto, *n. m.*, produit
profesor, a, *n.*, professeur
prometer, *v.*, promettre
promover (ue), *v.*, promouvoir
pronto, *adv.*, vite, rapidement
proponer, *v.*, proposer
propósito, *n. m.*, but
protagonista, *n.*, personnage
proteger, *v.*, protéger
proteína, *n. f.*, protéine
publicista, *n. m.*, publicitaire
público, *n. m.*, public
pueblo, *n. m.*, village; peuple
puerro, *n. m.*, poireau
pues, *conj.*, alors, eh bien
pulsar, *v.*, appuyer sur
punta, *n. f.*, pointe
puntual, *adj.*, ponctuel

Q

quedarse, *v.*, rester
querido, a, *adj.*, cher, chère; chéri, e
queso, *n. m.*, fromage
quién, *pron.*, qui
quince, *adv.*, quinze
quizá, *adv.*, peut-être

R

rabo, *n. m.*, queue
rama, *n. f.*, branche
rápido, a, *adj.*, rapide
raro, a, *adj.*, curieux, se ; rare
ratón, *n. m.*, souris
real, *adj.*, réel, elle ; royal, e
recibir, *v.*, recevoir
recoger, *v.*, ramasser
reconocer, *v.*, reconnaître
recreo, *n. m.*, récréation
recuerdo, *n. m.*, souvenir
red, *n. f.*, filet
redondo, a, *adj.*, rond, e
regalar, *v.*, offrir
regalo, *n. m.*, cadeau
regañar, *v.*, gronder
reina, *n. f.*, reine
reír (i), *v.*, rire
relajarse, *v.*, se détendre
reloj, *n. m.*, montre, pendule
repartir, *v.*, distribuer
representar, *v.*, représenter
residencia, *n. f.*, résidence
respetar, *v.*, respecter
responder, *v.*, répondre
responsable, *adj.*, responsable
respuesta, *n. f.*, réponse
restaurante, *n. m.*, restaurant
resultado, *n. m.*, résultat
retraso, *n. m.*, retard
revés, *n. m.*, envers
revista, *n. f.*, revue
rey, *n. m.*, roi
rico, a, *adj.*, riche
río, *n. m.*, rivière, fleuve
ritmo, *n. m.*, rythme
rojo, a, *adj.*, rouge
romántico, a, *adj.*, romantique
romero, *n. m.*, romarin; pélerin
ropa, *n. f.*, vêtements ; **ropa interior**, sous-vêtements
rosa, *n. f.*, rose
rosado, a, *adj.*, rosé, e
rubio, a, *adj.*, blond, e
rueda, *n. f.*, roue
ruido, *n. m.*, bruit

Lexique

S

sábado, *n. m.*, samedi
saber, *v.*, savoir
sacar, *v.*, sortir, tirer
salado, a, *adj.*, salé, e
salir, *v.*, sortir
salmón, *n. m.*, saumon
salón, *n. m.*, salon
salto, *n. m.*, saut
salud, *n. f.*, santé
saludo, *n. m.*, salut
salvaje, *adj.*, sauvage
salvar, *v.*, sauver
sandía, *n. f.*, pastèque
sardina, *n. f.*, sardine
sed, *n. f.*, soif
seguir (i), *v.*, continuer, suivre
según, *prép.*, selon
segundo, a, *adj.*, second, e
seguramente, *adv.*, certainement
seguridad, *n. f.*, sécurité
seguro, a, *adj.*, sûr, e ; en sécurité
sello, *n. m.*, timbre
selva, *n. f.*, forêt vierge
semana, *n. f.*, semaine
señal, *n. f.*, feu de circulation; panneau
senda, *n. f.*, sentier
señor, a, *n.*, monsieur, madame ; homme, dame
septiembre, *n. m.*, septembre
séptimo, a, *adv.*, septième
serie, *n. f.*, série, feuilleton
serpiente, *n. f.*, serpent
siempre, *adv.*, toujours
sierra, *n. f.*, montagne
siesta, *n. f.*, sieste
siglo, *n. m.*, siècle
significar, *v.*, signifier
siguiente, *adj.*, suivant, e
silencio, *n. m.*, silence
sin, *prép.*, sans ; **sin embargo**, pourtant, cependant
sitio, *n. m.*, endroit
sobre, *n. m.*, enveloppe
sobre, *prép.*, sur ; **sobre todo**, surtout
sociedad, *n. f.*, société
sofá, *n. m.*, canapé
sol, *n. m.*, soleil
solamente, *adv.*, seulement
solidario, a, *adj.*, solidaire
solo, a, *adj.*, seul, e
sólo, *adv.*, seulement
solomillo, *n. m.*, filet
sombrero, *n. m.*, chapeau ; **sombrero de copa**, haut-de-forme
soñar (ue), *v.*, rêver
sonrisa, *n. f.*, sourire
sopa, *n. f.*, soupe
soplar, *v.*, souffler
sorprender, *v.*, surprendre
sorpresa, *n. f.*, surprise
sorteo, *n. m.*, tirage (loterie)
sucio, a, *adj.*, sale
sudar, *v.*, suer, transpirer
suelo, *n. m.*, sol
sueño, *n. m.*, rêve
superficie, *n. f.*, surface
supermercado, *n. m.*, supermarché
suponer, *v.*, supposer
sur, *n. m.*, sud

T

tachar, *v.*, rayer
tacón, *n. m.*, talon
también, *adv.*, aussi
tampoco, *adv.*, non plus
tan, *adv.*, si
tarde, *n. f.*, après-midi
tarjeta, *n. f.*, carte
tarta, *n. f.*, gâteau
té, *n. m.*, thé
teatro, *n. m.*, théâtre
tecnológico, a, *adj.*, technologique
tela, *n. f.*, tissu
telediario, *n. m.*, journal télévisé
telenovela, *n. f.*, feuilleton
televisión, *n. f.*, télévision
temperatura, *n. f.*, température
temprano, *adv.*, tôt
tender (ie), *v.*, étendre
tenedor, *n. m.*, fourchette
tener (ie), *v.*, avoir
tenista, *n.*, joueur, euse de tennis
terco, a, *adj.*, têtu, e
terraza, *n. f.*, terrasse
tesoro, *n. m.*, trésor
tibio, a, *adj.*, tiède
tiempo, *n. m.*, temps
tienda, *n. f.*, magasin, boutique
tierra, *n. f.*, terre
tigre, *n. m.*, tigre
timbre, *n. m.*, sonnette
tío, a, *n.*, oncle, tante
típico, a, *adj.*, typique
títere, *n. m.*, marionnette, pantin

toalla, *n. f.*, serviette (de toilette)
todavía, *n. f.*, encore
todo, a, *adj.*, tout, toute
tomar, *v.*, prendre
tomate, *n. m.*, tomate
torero, *n. m.*, toréador
tormenta, *n. f.*, tempête, orage
toro, *n. m.*, taureau
tortilla, *n. f.*, omelette
tortuga, *n. f.*, tortue
trabajar, *v.*, travailler
trabajo, *n. m.*, travail
tráfico, *n. m.*, circulation
traje, *n. m.*, costume
tranquilo, a, *adj.*, tranquille
tras, *prép.*, après, derrière
trayecto, *n. m.*, trajet
tren, *n. m.*, train
trigo, *n. m.*, blé
tuerca, *n. f.*, boulon
tumbona, *n. f.*, chaise longue
turista, *n.*, touriste
turrón, *n. m.*, nougat

u

ubicación, *n. f.*, situation, localisation
usted, *pron.*, vous
utilizar, *v.*, utiliser
uva, *n. f.*, raisin

v

vaca, *n. f.*, vache
vacaciones, *n. f. pl.*, vacances
vaporizador, *n. m.*, vaporisateur
vaqueros, *n. m. pl.*, jeans
vaso, *n. m.*, verre
vecindario, *n. m.*, voisinage
vecino, a, *adj.*, voisin, e
vegetal, *adj.*, végétal, e
vegetariano, a, *adj.*, végétarien, enne
veinte, *adj.*, vingt
vela, *n. f.*, voile
velocidad, *n. f.*, vitesse
ventana, *n. f.*, fenêtre
ver, *v.*, voir
veranear, *v.*, passer ses vacances d'été
verano, *n. m.*, été
verbo, *n. m.*, verbe
verdad, *n. f.*, vérité ; **¿Verdad?**, n'est-ce-pas?
verde, *adj.*, vert, e
verdura, *n. f.*, légume vert
vestido, *n. m.*, robe
vez, *n. f.*, fois ; **otra vez**, de nouveau, encore ; **a veces**, parfois
viajar, *v.*, voyager
viaje, *n. m.*, voyage
vida, *n. f.*, vie
viejo, a, *adj.*, vieux, vieille
viernes, *n. m.*, vendredi
viñeta, *n. f.*, vignette, dessin
violeta, *adj.*, violet, violette
Virgen, *n. f.*, Vierge
vivir, *v.*, vivre
vocal, *n. f.*, voyelle
volar (ue), *v.*, s'envoler, voler
volver (ue), *v.*, revenir ; **volver a**, recommencer
vosotros, as, *pron.*, vous
voz, *n. f.*, voix
vuelo, *n. m.*, vol
vuelta, *n. f.*, retour

y

y, *conj.*, et
ya, *adv.*, déjà ; **ya no**, ne plus
yo, *pron.*, moi, je

z

zanahoria, *n. f.*, carotte
zapatilla *n. f.*, **zapatilla de deporte**, chaussure de sport
zapato, *n. m.*, chaussure
zona, *n. f.*, secteur
zorro, *n. m.*, renard
zumo, *n. m.*, jus (de fruit)

Crédits

Crédits photographiques

Couverture : Fiesta del fuego en Cuba, © Corbis/Jose Fuste Raga

• pp. 14-15 : Costa del sol : Photononstop/Sime • flamenco : Photononstop/Mauritius • guitarra : Corbis/Zefa/Hugh Sitton • patio : hemis.fr/Stéphane Frances • jamón : Firofoto/Albert Heras • playa : REA/Mario Fourmy • paella : Corbis/Photocuisine/P.Lippmann • p. 16 : (m)Liniers • p. 17 : (h)Corbis/Zefa/Mika • (b) Liniers • p. 19 : (h) Corbis/Zefa/M.Thomsen • (b) Nik • p. 20 : Scope/J.Guillard • p. 21 : Joaquín Cortés : AFP/Cesar Rangel • Shakira : Corbis/Dusko Despotovic • Penélope Cruz : Sipa/AP/Chitose • Enrique Iglesias : AFP/Getty • Juanes : Sipa/AP/Walter Bieri • p. 22 : (b)Warner Home Video • p. 24 : (g) Liniers (d)Nik • p. 27 : Sipa/EFE/Diaz • p. 28 : Retiro : Corbis/Jon Hicks • Sol : Photononstop/Yvan Travert • Plaza Mayor : Corbis/Patrick Ward • Cibeles : Corbis/Peter M.Wilson • Atocha : Corbis/Royalty-Free • p. 29 : Prado : Photo12.com-Alamy • Gran Vía : Prisma/Raga/Leemage • p. 30 : Madrid : Corbis/Jon Hicks • La Paz : Photononstop/AGE • Buenos Aires : hemis.fr/Christian Heeb • La Habana : Photononstop/Simeone • p. 31 : (g) G.H.F.P./Hoa-Qui/S.Villeger • (d)Gettyimages/Chris Clinton • p. 32 :(h)Sipa/AP/Juan Manuel Serrano • (b)Sipa/EPA/Fernando Alvarado • p. 33 :(h)Archives du 7°Art • (b)Corbis/David Pollack • p. 34 : (h) Matthieu Liégeois • (m) Nicolás Muñoz • (b) Latinphoto.org/Ventus • p. 35 : Liniers • p. 38 : AFP/Luis Acosta • pp. 40-41 : Dali : AISA/©Salvador Dali, Gala-Salvador Dali Foundation/ADAGP, Paris 2007 • Picasso : The Bridgeman Art Library©Succession Picasso 2007 • Tàpies : The Bridgeman Art Library©Fondation Antoni Tàpies, Barcelone-ADAGP, Paris 2007 • Goya : The Bridgeman Art Library • Miró : AISA©Successió Miró-ADAGP, Paris 2007 • p. 43 : Corbis/Photocuisine/Maximilian stock Ltd • p. 46 : Réa/Mario Fourmy • p. 47 : (h)Corbis/Zefa/B.Bird • (b) Photo12.com-Alamy • p. 48 : (h) The Bridgeman Art Library©Succession Picasso 2007 • (m)©Photo Scala, Florence© Succession Picasso 2007 • p. 49 :(h) The Bridgeman Art Library © Succession Picasso 2007 (b)Ullstein-Röhnert • p. 53 : Photononstop/Banana • p. 54 : Bilbao : Photononstop/Tibor Bognar • Santiago : ZapaBordeaux/Richard Zeboulon • Segovia : Corbis/Free Agents Limited • Granada : Photononstop/Jacques Kerebe • Valencia : RAGA/©AISA • p. 55 : Cuenca : ©AISA • Sagrada Familia : RAGA/©AISA • p. 56 : (h) Photo12.com-Alamy • (b) Photononstop/Simeone • p. 58(h) : Photononstop/AGE • (b) Corbis/Roy Morsch • p. 59 : (h)Photo12.com-Alamy • (bg) Corbis/Patrick Ward · (bd) : Photononstop/Damase • p. 60 : reina : Sipa/EFE/Ballestros • rey : Sipa/Pipkin Oscar • príncipes : Sipa/EFE/Otin • p. 61 : Photo12.com-Alamy • p. 64 :(h)Liniers • (b) Nik • p. 66 : Semana santa : Photononstop/AGE • San Fermín : RAGA/©AISA • Fallas : RAGA/©AISA • Libros : ©AISA • Sevilla : ©AISA • p. 67 : Moros y cristianos : Prisma/Leemage • Carnaval : G.H.F.P./AGE • p. 68 : Corbis/Robert Llewellyn • p. 69 : Liniers • p. 70 : Reynald Montaigu • p.71 : Les Profs ©Bamboo Edition-Pica &Erroc - 9 tomes disponibles -www.bamboo.fr • p. 72 : Sipa/AP/Jon Dimis • p. 73 : (m) Prisma/Leemage (b) Ortifus • p. 74 : (h)Photo12.com-Alamy • (b) Biratan • p. 75 : Reuters/Andreas Comas • p. 76 : (hg) Reuters/Mariano Bazo • (hd)Photo12.com-Alamy • (bg)Reuters/Andrea Comas • (bd)Reuters/Víctor Fraile • p. 82 : República Dominicana : Latinphoto.org/Orlando Barria • Perú : hemis.fr/Pawel Wysocki • México : hemis.fr/Hervé Hughes • Cuba : Corbis/Jose Fuste Raga • Venezuela : Gettyimages/Juan Silva • p. 83 : Panamá : Latinphoto.org/Teresita Chavarria • Guatemala : hemis.fr/Christian Heeb • p. 84 : Pat Carra • p. 85 : AGE/Marka/Marko Turk • pp. 86-87 : Mingote • p. 88 : Photo12.com-Alamy • p.89 : (h) Martirena • (bg) Corbis/Eric Robert •(bd) Munsa Vicente/abanicos Alonso • p.92 : Krahn • p. 94 : toro de lidia : ©AISA • quebrantahuesos y oso pardo : Iberimage/Antonio Vazquez • cóndor : Minden Pictures/J.H.Editorial/Tui de Roy • tortuga mediterránea : Bios/José Antonio Martínez • p. 95 : cigueña blanca : ©AISA • lince ibérico : Bios/P.&W. Kemp • p. 96(h) : Leo Arias • p. 97 : Latinphoto.org/Maria Menegazzo · p .98(b) : Sesé · p. 99(b) : Sesé · p. 100 : (hg)Sipa/EPA/B.Echavarri • pp. 100-101 : Mortadelo y Filemón ©2007 Ediciones B. • p. 102 : (hg)Corbis/M.&P. Fogden • (md) Corbis/Bowers Museum of Cultural Art/Don Wiechec • p. 103 : (hg) Scope/Chris Cheadle • (mg) The Art Archive • (md) Corbis/Patricia Fogden • (bd) The Art Archive • p. 108 : (h) Hoa-Qui/Explorer/J.-P. Lescourret • (m) Hoa-Qui/AGE/Sergio Pitamitz • (bg)©AISA • (bd) Hoa-Qui/AGE/Guido Krawczyk • p. 109 : (h) : Hoa-Qui/AGE/Bjorn Svensson • (m) Hoa-Qui/Michel Renaudeau • (b) Reynald Montaigu • p. 111(d) Biratan • p. 112 : Elisabeth Mazoyer • p. 113 (h) Elisabeth Mazoyer • (b)G.H.F.P./AGE/Sergio Pitamitz • p.114 : Corbis Sygma/Dusko Despotovic • p. 115 : (h)Réa/Mario Fourmy · (m) Réa/Reporters · (b) Photo12.com-Alamy · p. 116 : (hg) AFP/Saeed Khan · (hd) AFP/Joe Murphy · (b) AFP/Cristina Quickler · p. 117 : (b)Biratan (h) Mary-Kate & Hashley • p.118 : AFP/LLuis Gene • p.119 : Oredia • p. 124 : jaguar : Bios/Thierry Montford • lamas : Photo12.com-Alamy • tatú : Bios/Henry Ausloos • tucán : Bios/J.-L. Klein& M.-L. Hubert • caimán : Bios/Michel Gunther • p. 125 : ara : Bios/J.-L. Klein& M.-L. Hubert • ñandu : Bios/Juan-Carlos Muñoz • p. 128 : (h) Sipa/EFE/Armestre • (b) : Bios/Phone/François Gohier • p. 129 : Samaniego • p. 130 : (h) Kike • p. 131 : (h) Leo Arias • p. 132 : (1)©AISA/Gonzalo Martinez • (2) Photo12.com-Alamy • (3) ©AISA • p. 133 (hg) : Photo12.com-Alamy • (h) : Sipa/EPA/Eduardo Abad • (md) : Bios/Bartomeu Borrel_Bios/Frank Deschandol & Philippe Sabine • (b) Leo Arias • p. 137 : (h)Biratan • (b) : Krahn • p. 138 : Acapulco : hemis.fr/Frank Guiziou • Galapagos : Minden Pictures/Tui de Roy • Titicaca : Photo12.com-Alamy • Amazonas : Minden Pictures/Frans Lanting • México : Photo12.com-Alamy • p. 139 : Iguazú & pampa : Photo12.com-Alamy • pp. 140-141 : Photo12.com-Alamy • p. 143 (h) : hemis.fr/Bertrand Gardel • (m) : Corbis/Michael Freeman • (b) : Photo12.com-Alamy • p.144 : Sipa/Pitamitz • p.145 : Minden Pictures/Pete Oxford • p.149 : Tognetti.

Crédits textes

• pp. 19, 64, 71, 111, 119, 140 © permiso otorgado por Carmen Balcells • pp. 22, 101, 116, 118, 127 © Muy Junior • p. 23 © Sebastián Piga Mena • p. 26 © Luciano P. Díaz • p. 34 © El País • pp. 42, 96 © Herederos Silvina Ocampo • pp. 52, 70 © Anagrama • pp. 56-57, 88-89, 133 © La Vanguardia • pp. 61, 72, 100, 119 © El Mundo • pp. 68, 84 © Manaut • p. 84 © Amado Nervo • p. 86 © permiso otorgado por Mercedes Casanovas • p. 87 © José Luis Alonso de Santos • p. 92 © Rossy Pérez • p. 98 © A Flor de Tiempo • pp. 99, 128-129, 130 © Grupo Planeta •p. 106 © Gloria Almendáriz • p. 112 © Ocho y Medio • p. 113 © Ladoire y Trueba • pp. 114-115 © ABC • p. 126 © Olivier Herrera Marín • pp. 140-141 © Grupo Reforma • p. 144 © Plaza y Janes • p. 145 © Ediciones B

Cartes et schémas

- **Coredoc** pour l'intérieur
- **aebk** pour les pages de garde

Imprimé en France par I.M.E. – 25110 Baume-les-Dames
N° d'édition : 004525-01 - Dépôt légal : avril 2007

México
Nicaragua
Trinidad y Tobago
Bolivia
Belice
Costa Rica
Venezuela
Paraguay
Guatemala
Panamá
Colombia
Chile
El Salvador
Cuba
Ecuador
Argentina
Honduras
República Dominicana
Perú
Uruguay
España

ESPAÑA EN LA UNIÓN EUROPEA
Finlandia
Noruega
Suecia
Estonia
Letonia
Lituania
Mar del Norte
Mar Báltico
Dinamarca
Irlanda
Reino Unido
Países Bajos
Polonia
Alemania
Bélgica
Rep. Checa
Océano Atlántico
Luxemburgo
Eslovaquia
Austria
Francia
Suiza
Hungría
Rumania
Eslovenia
Italia
Bulgaria
Portugal
España
Grecia
Mar Mediterráneo
Chipre
Malta
200 km